BESTSELLER

Conocido por ser el autor de *Padre Rico, Padre Pobre* –el libro #1 de finanzas personales y bestseller del *New York Times* por más de seis años–, **Robert T. Kiyosaki** se ha convertido en un defensor de la educación financiera a nivel mundial. En 1997 *Padre Rico, Padre Pobre* rompió barreras al declarar "Tu casa no es un activo" y "Los ahorradores son perdedores". Diez años más tarde, con más de 20 millones de ejemplares vendidos en todo el mundo, cuando el mercado de bienes raíces quebró y los bancos empezaron a imprimir trillones de dólares, sus predicciones se volvieron realidad. Kiyosaki ha transformado radicalmente la forma en la que millones de personas perciben el concepto del dinero. Con perspectivas que contradicen el conocimiento convencional, se ha ganado una gran reputación por su irreverencia y claridad para expresar sus ideas sobre las finanzas personales.

ROBERT T. KIYOSAKI

La Escuela de Negocios

Para personas que gustan
de ayudar a los demás

DEBOLS!LLO

Penguin
Random House
Grupo Editorial

La Escuela de Negocios

Título original: *The Business School For People Who Like Helping People*

This edition published by arrangement with Rich Dad Operating Company, LLC.
Esta edición es publicada en acuerdo con Rich Dad Operating Company, LLC.

Traducción: María Andrea Giovine
Diseño de cubierta: Insycs Graphic Studio, Inc.

ISBN: 978-1-945540-84-4

Impreso en Estados Unidos - *Printed in USA*

22 23 24 25 26   10 9 8 7 6

Dedicatoria

Dedicamos este libro, *La escuela de negocios*, a las millones de personas, parejas y familias que han iniciado su viaje emprendiendo y creando negocios propios por medio del mercadeo en red. Debido a que hemos dedicado nuestras vidas a enseñar cómo obtener libertad financiera, ha sido realmente gratificante asociarse con una industria dedicada a ayudar a emprender y crear negocios propios. Día con día, usted se educa y comparte su oportunidad de negocios con familiares, amigos, vecinos y compañeros de trabajo, así como con extraños. Por eso, va para usted nuestro reconocimiento y gratitud, pues conoce todo de primera mano y experimenta los beneficios y las libertades de lo que representa tener su propio negocio. Como explican nuestros éxitos de ventas *Padre Rico, Padre Pobre* y *El cuadrante del flujo de dinero*, una vez que uno aprende como funciona el dinero y las claves importantes para crear riqueza, es fácil darse cuenta de que tener un negocio de mercadeo en red puede ser "el negocio perfecto" para mucha gente.

Agradecimientos

Nos sentimos honrados por el formidable recibimiento que tuvo este libro desde su publicación en 2001. Sin embargo, esto parece poco comparado con la aceptación que la industria del mercadeo en red le ha dado a nuestro trabajo desde mediados de los noventa. Por haber sido partidario y promotor del mensaje de Padre Rico desde hace mucho tiempo, queremos agradecerle a usted, a quienes están arriba o debajo de usted, a los que están en tu mismo nivel y a las compañías con las que está asociado. Estamos en una búsqueda mutua para ayudar a que la gente tome el control de su vida financiera. Continúe aprendiendo y enseñando. ¡Le damos las gracias!

Índice

Introducción

¿Por qué recomiendo el mercadeo en red como negocio?

El siguiente es un ejemplo de un tipo de carta que recibo a menudo.

> Querido señor Kiyosaki,
> Hola, espero que esté muy bien.
> Me llamo Susan y escribo en relación con mi marido, Alan. Él ha leído todos sus libros y tiene mucho potencial para ser un gran empresario y hombre de negocios. Le comenté que iba a escribirle y pedirle su consejo en algo. En lo personal, nunca he leído ninguno de sus libros, así que no sé cuál es su postura en tales temas; pero mi marido está dedicando mucho tiempo a una compañía llamada [omitimos el nombre]. Se trata de una compañía con un esquema de pirámide que vende vitaminas y otros productos relacionados con la salud. La persona a cargo hace que tú vendas por ella y así sigue la cadena. No me molestaría si no sintiera que es una gran pérdida de tiempo para mi marido. De todo su esfuerzo por construir el nombre y la compañía de otra persona, alguien más obtendrá los beneficios del arduo trabajo de mi marido. A él le venden la idea de que está comenzando su propio negocio, pero yo no veo su nombre en la compañía. ¿Cómo puede ser su negocio si su nombre no está en las vitaminas? Aparte, mi

esposo ha trabajado medio tiempo durante más de un año y todavía no ha ganado mucho dinero.

Supongo que la conclusión es que desperdicia su valioso tiempo y me gustaría verlo invertir en sí mismo y en su propio nombre en lugar del de alguien más. En vez de crear un negocio de mercadeo en red, creo que debería comenzar su propia compañía. También pienso que quienes lo hacen vender sólo se están aprovechando de él. Al saber que mi marido ha leído sus libros y valora en gran medida su opinión como hombre de negocios, tal vez escuche los pensamientos que tiene usted al respecto ya que no escuchará los míos. Quién sabe, tal vez estoy mal. Eso podría ser algo bueno, ya que me calmaría saberlo.

Si usted contesta esta carta, le agradezco de antemano por su tiempo.

Atentamente,

Susan M.

Mi respuesta

Como muchos de ustedes ya saben, mi oficina está plagada de correo. Desafortunadamente, no tengo tiempo para contestar cada mensaje que recibo.

Comienzo el libro con esta carta porque las preocupaciones y preguntas de esta persona las escucho por lo regular en otras. Son preguntas y preocupaciones válidas. Además, me impresionó su franqueza y su deseo de mantener la mente abierta. En el mundo actual que gira tan rápido, tener una mente abierta es vital.

Una de las razones principales por las que decidí escribir este libro es que por lo regular escucho tales preguntas y tales preocupaciones. Muchas personas quieren saber por qué recomiendo un negocio de mercadeo en red, en especial cuando no estoy afiliado a ninguna compañía, ni gané mi dinero con un negocio de mercadeo en red. Por consiguiente, escribí este libro para expresar mi respuesta de una vez por todas. Como el lector podrá notar por el número de páginas de este libro, mi respuesta a la carta de arriba no es un simple está bien o está mal.

Antes de terminar, no creo que un negocio de mercadeo en red sea para todo mundo. Tras leer este libro, sabrá mejor si un negocio de mercadeo en red es bueno o malo para usted. Si ya tiene un negocio de este tipo, se dará cuenta de que este libro reafirma lo que ya sabe... y siente. Si está pensando iniciarlo, creo que se dará cuenta de algunas de las oportunidades y valores ocultos que un negocio semejante le puede ofrecer, valores que por lo regular muchas personas no ven. En otras palabras, hay cosas mucho más importantes en los negocios de mercadeo en red que sólo ganar dinero extra.

Le agradezco por adelantado leer este libro y mantener una mente abierta.

Atentamente,

Robert T. Kiyosaki

Capítulo 1

¿Qué hace al rico, rico?

Un día después de asistir a la escuela, estaba trabajando en la oficina de mi padre rico. Yo tenía como quince años y me sentía muy frustrado en la escuela. Quería aprender a ser rico, pero en lugar de estudiar materias como "Dinero 1" o "Cómo convertirse en millonario 2", disecaba ranas en la clase de ciencias y me preguntaba cómo podía hacerme rico una rana muerta. Al sentirme frustrado con la escuela, le pregunté a mi padre rico: "¿Por qué no nos enseñan acerca de dinero en la escuela?"

Mi padre rico sonrió, levantó la mirada de todo su papeleo y dijo: "No lo sé. También me lo he preguntado." Hizo una pausa y después preguntó: "¿Por qué lo preguntas?"

"Bien", dije lentamente, "estoy aburrido en la escuela. No encuentro la relación entre lo que estudiamos y el mundo real. Sólo quiero aprender a ser rico. ¿Así que, cómo una rana muerta me enseñará a comprar un nuevo auto? Si el profesor me dijera de qué manera una rana muerta me puede hacer rico, disecaría miles."

Mi padre rico se rio a carcajadas y preguntó: "¿Qué es lo que te dicen cuando les preguntas acerca de la relación entre las ranas muertas y el dinero?"

"Todos mis profesores dicen lo mismo", contesté. "Siempre dicen lo mismo sin importar cuántas veces pregunte de qué manera la escuela es importante para el mundo real."

"¿Y qué te dicen?"

"Dicen: 'necesitas sacar buenas calificaciones para que puedas encontrar un buen trabajo seguro'", contesté.

"Pues eso es lo que la mayoría de la gente quiere", comentó mi padre rico. "La mayoría va a la escuela para encontrar un trabajo y algún tipo de seguridad financiera."

"Pero yo no quiero hacer eso. No quiero ser un empleado que trabaja para alguien más. No quiero pasar mi vida teniendo a alguien más que me diga cuánto dinero puedo ganar, cuándo puedo trabajar o cuándo tomar vacaciones. Quiero ser libre. Quiero ser rico. Por eso no quiero un trabajo."

Para quienes no hayan leído *Padre Rico, Padre Pobre*, mi padre rico era el mejor amigo de mi padre. Aunque fue un hombre que comenzó sin nada y no tuvo educación formal, a la larga se convirtió en uno de los hombres más ricos del estado de Hawaii. Mi padre pobre, mi padre biológico, fue un hombre con mucha educación, un funcionario del gobierno con muy buen ingreso, pero sin importar cuánto dinero ganara, al terminar cada mes estaba en quiebra y murió en quiebra con muy poco que demostrar por una vida de arduo trabajo.

Una de las razones por las cuales comencé a estudiar con mi padre rico después de la escuela y los fines de semana es porque sabía que ahí no recibía la educación que yo quería. Sabía que la escuela no tenía las respuestas que yo buscaba porque mi padre biológico, mi padre pobre, era el jefe de educación del estado de Hawaii. Sabía que mi padre real, el maestro destacado, no sabía mucho acerca de dinero. Por lo mismo, el sistema escolar no podía enseñarme lo que yo quería. A la edad de quince años, yo quería saber cómo ser rico, en lugar de cómo ser un empleado que trabaja para los ricos.

Comencé a buscar a un adulto que me enseñara acerca del dinero, después de ver cómo mis padres peleaban constantemente por no tener suficiente dinero. Así comencé a estudiar con mi padre rico, desde los nueve años, hasta los 38. Estaba buscando mi propia educación. Para mí era mi "escuela de negocios", la escuela de negocios para la vida real. Gracias al entrenamiento de mi padre rico pude retirarme a los 47 años, libre financieramente para el resto de mi vida. Si hubiera seguido el consejo de mi padre pobre, ser un buen empleado hasta que tuviera 65 años, todavía estaría trabajando, preocupado por la seguridad de mi trabajo y por mi plan de pensión cargado con fondos de inversión que seguirían disminuyendo de valor. La diferencia entre el consejo de mi padre rico y el de mi padre pobre era simple. Mi padre pobre siempre decía: "Ve a la escuela y saca buenas calificaciones para que puedas encontrar un trabajo seguro con prestaciones." El consejo de mi padre rico era: "Si quieres ser rico, necesitas ser dueño de un negocio e inversionista."

> "Si quieres ser rico, necesitas ser dueño de un negocio e inversionista."

¿Por qué Thomas Edison fue rico y famoso?

"¿Así que, qué estudiaste hoy en la escuela?", preguntó padre rico.

Pensando en mi día durante un momento, finalmente contesté: "Hemos estudiado la vida de Thomas Edison."

"Es una persona importante que vale la pena estudiar", dijo mi padre rico. "¿Y hablaron sobre cómo se volvió rico y famoso?"

"No", contesté. "Sólo hablamos sobre sus inventos, como la bombilla de luz."

Mi padre rico sonrió y dijo: "Pues la verdad, odio contradecir a tu profesor: Thomas Edison no descubrió la bombilla de luz… pero sí la perfeccionó." Después, mi padre rico explicó por qué Thomas Edison era uno de sus héroes, cuya vida había estudiado.

"¿Entonces por qué tiene el crédito de haberla inventado?", pregunté.

"Otras bombillas de luz ya se habían inventado antes que la suya, pero no eran prácticas. Las primeras bombillas no se mantenían encendidas lo suficiente. También sucedía que los otros inventores no podían explicar cómo la bombilla tendría algún valor comercial."

"¿Valor comercial?", pregunté un poco confundido.

"En otras palabras, los otros inventores no sabían cómo producir dinero con su invento… y Thomas Edison sí", añadió mi padre rico.

"Así que inventó la primera bombilla *útil* y también supo cómo convertirla en un negocio."

Mi padre rico asintió y dijo: "Y fue su sentido de negocios lo que hizo que muchos de sus inventos fueran tan útiles para millones de personas. Thomas Edison fue más que un inventor. Fue el fundador de General Electric y muchas otras grandes compañías. ¿Te explicaron eso tus profesores?"

"No", contesté. "Me gustaría que lo hubieran hecho. Me hubiera interesado en el tema. En lugar de eso, estaba aburrido y me preguntaba de qué manera Thomas Edison podía ser relevante en la vida real. Si me hubieran dicho que se hizo tan rico, me hubiera interesado y puesto más atención."

Mi padre rico se rio y me contó de qué manera el inventor Thomas Edison también se convirtió en multimillonario y en fundador de una corporación multimillonaria. Añadió que Edison se salió de la escuela pues sus profesores pensaban que no era suficientemente inteligente para estudiar. De joven, trabajó vendiendo dulces y revistas en los trenes. Pronto comenzó a imprimir su propio periódico en la parte trasera del tren y después contrató a un grupo de niños para que vendieran no sólo sus dulces, sino también su periódico. Aunque seguía siendo un niño, en alrededor de un año pasó de empleado a dueño de un negocio, empleando a otros doce niños.

"Entonces, ¿así fue como empezó Thomas Edison su carrera de negocios?", pregunté.

Mi padre rico asintió y sonrió.

"¿Por qué los profesores no me dijeron eso?", pregunté. "Me hubiera gustado escuchar esa historia."

"Hay mucho más", dijo mi padre rico mientras continuaba con la historia. Explicó la forma en que Edison, quien se aburrió pronto de su negocio en el tren, aprendió cómo enviar y recibir código Morse para conseguir trabajo como operador de telégrafo. Pronto, fue uno de los mejores operadores de telégrafo en la zona y viajó de ciudad en ciudad utilizando sus habilidades como operador. "Fue lo que aprendió como joven empresario y operador de telégrafo lo que le dio ventaja como negociante e inventor de la bombilla de luz."

"¿De qué manera ser operador de telégrafo le ayudó a convertirse en mejor negociante?", pregunté confundido. "¿Qué tiene que ver esta historia con hacerse rico?"

"Dame tiempo para explicarte", dijo mi padre rico. "Verás, Thomas Edison fue mucho más que un simple inventor. Cuando era joven, se convirtió en dueño de un negocio. Por eso se volvió tan rico y famoso. En lugar de ir a la escuela, obtenía las habilidades necesarias para tener éxito en el mundo real. Me preguntaste por qué los ricos se volvían ricos, ¿o no?"

"Sí", contesté sintiéndome un poco avergonzado por interrumpir a mi padre rico.

"Lo que lo hizo famoso en relación con la bombilla de luz fue su experiencia como negociante y operador de telégrafo", comentó mi padre rico. "Al ser operador de telégrafo comprendió que lo que le dio tanto éxito al inventor del telégrafo fue que era un sistema de negocio, un sistema de líneas, postes, gente con aptitudes y estaciones de transmisión. Cuando era joven, Thomas Edison entendió el poder de un sistema."

Lo interrumpí: "Es decir, que por ser un hombre de negocios se dio cuenta de la importancia del sistema. El sistema era más importante que el invento."

Mi padre rico asintió. "Verás, la mayoría de la gente va a la escuela para aprender cómo ser empleado de un sistema, por lo cual muchos no ven lo que realmente importa. La mayoría sólo ve el valor de su trabajo porque es lo único que pueden ver. Ven los árboles y no el bosque."

"Así que la mayoría de la gente trabaja para el sistema en lugar de ser dueños de éste", añadí.

Asintiendo, mi padre rico dijo: "Lo único que ellos ven es el invento o el producto, pero no el sistema. La mayoría de la gente no puede ver lo que realmente hace al rico, rico."

"¿Entonces cómo se aplica esto a Thomas Edison y la bombilla de luz eléctrica?", pregunté.

"Lo que hizo poderosa a la bombilla no fue ésta como tal, sino el sistema de líneas eléctricas y estaciones de transmisión que la impulsaban", dijo mi padre rico. "Lo que hizo rico y famoso a Thomas Edison fue que podía ver a gran escala, mientras los demás sólo veían la bombilla de luz."

"Y pudo ver a gran escala gracias a su experiencia en el tren y como operador de telégrafo", contesté.

Mi padre rico asintió. "Otra palabra para sistema es 'red'. Si realmente quieres aprender cómo ser rico, debes comenzar por saber y comprender el poder que se encuentra en las *redes*. Las personas más ricas del mundo construyen redes. Todos los demás están entrenados para buscar trabajo."

> "Las personas más ricas del mundo construyen redes. Todos los demás están entrenados para buscar trabajo."

"Sin la red eléctrica, la bombilla de luz hubiera tenido un valor muy bajo para las personas", comenté.

"Comienzas a entender", sonrió mi padre rico. "Así que lo que hace rico al rico es que ellos construyen y son dueños del sistema... la red. Poseer la red los hace ricos."

"¿Una red? ¿Entonces si quiero hacerme rico, necesito saber cómo construir una red de negocios?", pregunté.

"Ya estás entendiendo", dijo mi padre rico. "Existe más de una forma de hacerse rico, pero los ultra ricos siempre han construido redes. Sólo recuerda la forma en que John D. Rockefeller se convirtió en uno de los hombres más ricos del mundo. Hizo mucho más que taladrar para obtener petróleo. John D. Rockefeller se convirtió en uno de los hombres más ricos del mundo porque construyó una red de gasolineras, camiones de entrega, barcos y pipas. Se volvió tan rico y poderoso gracias a su red que el gobierno de Estados Unidos lo forzó a romperla, llamándola monopolio."

"Y Alexander Graham Bell inventó el teléfono, el cual con el tiempo se convirtió en una red telefónica llamada AT&T", añadí.

Mi padre rico asintió. "Y después se convirtió en redes de radio y luego en redes de televisión. Cada vez que se inventaba algo nuevo, las personas que se enriquecían eran quienes construían y poseían la red que sostenía al nuevo invento. Muchos actores y atletas muy bien pagados son ricos sólo porque las redes de radio y televisión los hacen ricos y famosos."

"¿Entonces, por qué nuestro sistema escolar no nos enseña cómo construir redes?", pregunté.

Mi padre rico se encogió de hombros. "No lo sé", contestó. "Creo que es porque la mayoría de la gente está feliz con encontrar un trabajo y trabajar para una red grande… una red que hace más rico al rico. Yo no quería trabajar para los ricos. Es por eso que construí mi propia red. No gané mucho dinero cuando era joven, ya que toma bastante tiempo construir una red. Durante cinco años, gané mucho menos que todos mis amigos. No obstante, después de diez años era mucho más rico que la mayoría de mis compañeros de clase, incluso de quienes se convirtieron en doctores y abogados. Hoy en día, gano mucho más de lo que ellos pueden soñar. Una red de negocios bien diseñada y administrada exponencialmente ganará mucho más que un individuo muy trabajador."

Padre rico continuó explicando que la historia está llena de gente rica y famosa que ha construido redes. Cuando se inventaron los trenes, muchas personas se hicieron ricas. Lo mismo sucedió con aviones, barcos, automóviles y comercios de ventas al menudeo, como Wal-Mart, Gap y Radio Shack. Actualmente, el poder de las supercomputadoras y de las PC permite a muchos individuos obtener una gran riqueza si trabajan para construir sus propias redes. Este libro y mi compañía, richdad.com, están dedicados a quienes desean construir sus propias redes de negocio.

Hoy en día tenemos a Bill Gates, el hombre más rico del mundo, que se hizo rico al conectar un sistema operativo en la red de IBM. Los Beatles se hicieron famosos en todo el mundo gracias al poder de las redes de la radio, televisión y tiendas de discos. Las estrellas del deporte ganan millones de dólares gracias al poder de las redes de televisión y radio. Internet, lo más reciente en las redes mundiales, ha convertido a algunas personas en millonarias, incluso a unos pocos en multimillonarios. Mis habilidades para escribir han hecho millones de dólares no porque yo sea un gran escritor, sino por mi sociedad de negocios con la red AOL Time Warner. En el sitio richdad.com trabajamos en conjunto con Time Warner Books y AOL en internet. Son grandes compañías y es gente con quien es maravilloso trabajar. El sitio richdad.com también está en red con otras compañías de todo el mundo en Japón, China, Australia, Reino Unido, Europa, África, América del Sur, Canadá, India, Singapur, Malasia, Indonesia, México, Filipinas y Taiwán. Como decía mi padre rico: "Los ricos construyen las redes y todos los demás buscan trabajo."

¿Por qué los ricos se hacen más ricos?

La mayoría hemos escuchado el dicho: "Dios los cría y ellos se juntan." Pues es cierto para todos, para la gente rica, pobre y de clase media. En otras palabras, los ricos se conectan con los ricos, la red de pobres con otros pobres y los de clase media con los de clase media. Mi padre rico decía a menudo: "Si quieres hacerte rico, debes conectarte con quienes son ricos o pueden ayudarte a serlo". También decía: "Muchos pasan su vida relacionándose con personas que los mantienen detenidos económicamente". Una de las ideas que intenta transmitir este libro es que un negocio de mercadeo en red se forma con personas que están ahí para ayudarlo a hacerse rico. Una pregunta que tal vez se haga es la siguiente: "¿La compañía para la que trabajo y la gente con la que paso tiempo están dedicadas a hacerme rico? O, ¿tanto la gente como la compañía están más interesadas en que continúe siendo un trabajador?"

Cuando tenía quince años, sabía que una forma de ser rico y financieramente libre era aprender cómo conectarme con personas que me ayudaran a hacerme rico y financieramente libre. Para mí, todo eso tenía mucho sentido, aunque para muchos de mis compañeros en secundaria lo que tenía sentido era sacar buenas calificaciones y tener un trabajo seguro. A los quince años decidí buscar la amistad de personas interesadas en volverme rico en lugar de empleado leal que trabajara para los ricos. En retrospectiva, la decisión que tomé a esa edad cambió mi vida. No fue una decisión fácil ya que debí ser muy cuidadoso para saber con quién pasaba el tiempo y a qué profesores debía escuchar. Esta idea, la idea de estar consciente de con quién pasa uno su tiempo y de quiénes son tus maestros es, para todos aquellos que estén considerando construir su propio negocio, un factor muy importante. Cuando era un joven de secundaria, comencé a escoger a mis amigos y maestros con mucho cuidado, ya que la familia, los amigos y maestros son un elemento muy, muy importante de su red.

Una escuela de negocios para la gente

En lo personal estoy emocionado por escribir este libro y apoyar a la industria del mercadeo en red. Muchas empresas en esta industria ofrecen a millones de personas la misma educación en materia de negocios que mi padre rico me enseñó, la oportunidad de construir su propia red en lugar de pasar su vida trabajando para una.

No es una tarea fácil enseñar a la gente a entender el poder de construir su propio negocio, su propia red. La razón por la que no resulta fácil es que la mayoría aprendieron a ser empleados leales y trabajadores en lugar de ser dueños de negocios que construyen sus propias redes.

Tras regresar de Vietnam, donde fui oficial de infantería de la Marina de Estados Unidos y piloto de helicóptero, pensé en regresar a la escuela para obtener mi maestría en administración de empresas. Mi padre rico me convenció de no hacerlo. Me dijo: "Si obtienes el título de una escuela tradicional, seguirás entrenado para ser empleado de los ricos. Si quieres ser rico, en lugar de ser un empleado bien remunerado de los ricos, necesitas ir a una escuela de negocios que te enseñe cómo ser empresario. Ése es el tipo de escuela de negocios que yo te he dado." Mi padre rico también dijo: "El problema con la mayoría de las escuelas de negocios es que toman a los niños más listos y los entrenan para ser ejecutivos para los ricos, en lugar de ejecutivos para los empleados." Si usted siguió las noticias de Enron y WorldCom, los ejecutivos con muchos estudios eran acusados de pensar sólo en ellos y no en los empleados o inversionistas que les habían confiado su vida y dinero. Muchos ejecutivos con buenos salarios y estudios les decían a sus empleados que compraran más acciones de la empresa mientras ellos vendían las suyas. Aunque WorldCom y Enron son casos extremos, ese tipo de comportamiento egoísta sucede a diario en el mundo corporativo y la bolsa de valores.

Una razón importante por la que apoyo a la industria del mercadeo en red es que muchas compañías en el ramo son realmente *escuelas de negocios para la gente*, en lugar de escuelas que toman a los niños inteligentes y los entrenan para ser empleados de los ricos. Muchas compañías de mercadeo en red son realmente escuelas de negocios que enseñan valores ausentes en las escuelas tradicionales, valores como que la mejor forma de hacerse rico es enseñarse a usted mismo y a otras personas a convertirse en dueños de negocios… en lugar de enseñarlos a ser empleados leales que trabajan para los ricos.

Otras formas de hacerse rico

Mucha gente ha adquirido gran riqueza al construir un negocio de mercadeo en red. De hecho, algunos de mis amigos más ricos han creado su fortuna al construir un negocio de este tipo. Aunque hay que ser justos y aclarar que hay otras formas en las que una persona puede adquirir gran riqueza. Por eso, en el siguiente capítulo ahondaré en las demás formas en las que la gente se ha hecho rica y, de forma mucho más importante, se ha vuelto financieramente libre… libre de la monótona tarea de ganar un sueldo, ser poco independiente en cuanto a seguridad en el trabajo y libre de vivir al día. Después de leer el siguiente capítulo, usted tendrá una mejor idea sobre si construir un negocio de mercadeo en red es la mejor forma de crear su fortuna personal… y como un vehículo para seguir sus sueños y pasiones.

Capítulo 2

Hay más de una forma para hacerse rico

"¿Me puede enseñar cómo ser rico?", le pregunté a mi profesor.

"No", contestó mi profesor de biología. "Mi trabajo es ayudar a que te gradúes para que encuentres un buen trabajo."

"¿Pero qué pasa si no quiero un trabajo? ¿Qué pasa si quiero ser rico?", pregunté.

"¿Por qué quieres ser rico?", preguntó mi profesor.

"Porque quiero ser libre. Quiero tener dinero y tiempo para hacer lo que yo quiera. No deseo ser empleado durante la mayor parte de mi vida. No quiero que mis sueños estén determinados por el monto de mi cheque."

"Ésas son tonterías. Sueñas con la vida del rico frívolo y no puedes ser rico si no tienes buenas calificaciones y un trabajo bien remunerado", dijo el profesor. "Sigue trabajando en tu rana."

En mis demás libros y programas educativos hago referencia a los tres tipos de educación requeridos si queremos tener éxito financiero en la vida: educación académica, profesional y financiera.

Educación académica

Nos enseña a leer, escribir y utilizar las matemáticas. Es una educación muy importante, en especial en el mundo actual.

29

En lo personal, no salí muy bien en este nivel. La mayor parte de mi vida fui un estudiante que sacaba calificaciones regulares debido a que nunca tuve interés en lo que se me enseñaba. Soy un lector muy lento y no escribo bien. Aunque leo con lentitud, leo mucho, sólo que un poco pausado y por lo regular debo repasar un libro dos o tres veces antes de entenderlo. Además, soy mal escritor, aunque continúo escribiendo.

Como comentario aparte, aunque no soy muy buen escritor, he tenido la suerte de incluir seis títulos en las listas de libros más vendidos del *New York Times*, *The Wall Street Journal* y *Business Week*. Como digo en *Padre Rico, Padre Pobre*, no soy un escritor que escriba bien, soy uno que vende bien. El entrenamiento de mi padre rico tuvo buenos resultados aunque no los tuve en la escuela cuando se trataba de mis calificaciones.

Educación profesional

Nos enseña cómo trabajar por dinero. Durante mi juventud, los niños inteligentes se convirtieron en médicos, abogados y contadores. Otras escuelas profesionales enseñan a la gente a ser asistentes de médicos, plomeros, constructores, electricistas y mecánicos. Si usted busca educación o escuelas en el directorio telefónico, encontrará páginas llenas de profesiones que ayudan a obtener un empleo.

En lo personal, como no salí muy bien en el nivel de educación académica, no se me pidió ser médico, abogado ni contador. Fui a la escuela en Nueva York donde me convertí en oficial de Marina, navegué barcos como los buques petroleros de Standard Oil y de pasajeros, como el del programa de televisión *El crucero del amor*. Después de graduarme, ya que era la época de la guerra de Vietnam, en lugar de trabajar en la industria de la navegación, fui a Pansacola, Florida, donde estuve en la escuela de vuelo de la Marina de Estados Unidos y me convertí en piloto del cuerpo de marines, en Vietnam. Mis dos padres decían que era el deber de un hijo pelear por su país, por lo que mi hermano y yo nos ofrecimos como voluntarios. A la edad de 23 años, ya tenía dos profesiones, como oficial de barco y como piloto, pero en realidad nunca utilicé ninguna de las dos para ganar dinero.

Como comentario, pienso que es irónico que la profesión por la que soy más conocido sea la de escritor... materia que reprobé dos veces en secundaria.

Educación financiera

Aprenda a que *el dinero trabaje para usted* en lugar de que *usted trabaje por el dinero*. Este tercer nivel no se imparte en la mayoría de nuestras escuelas.

Mi padre pobre pensaba que una buena educación académica y profesional era lo único que necesitaba una persona para tener éxito en el mundo real. Mi padre rico decía: "Si tienes una mala educación financiera, siempre trabajarás para los ricos." El sitio richdad.com hace su mejor esfuerzo para crear productos que enseñen la misma educación financiera que me enseñó mi padre rico. Tenemos productos como los juegos de mesa *CASHFLOW 101, 202* y *CASHFLOW para niños*, los cuales trasmiten en una *forma divertida* la misma educación y mentalidad financiera que mi padre rico me inculcó.

> "Aprenda a que *el dinero trabaje para usted*, en lugar de que *usted trabaje por el dinero*."

Un desastre financiero

En mi opinión, Estados Unidos —y muchas naciones occidentales— tienen como futuro un desastre financiero... causado por la falla de nuestro sistema educativo en cuanto a proveer un programa realista de educación financiera para los estudiantes. Como muchos sabemos, no se recibe mucha educación financiera en la escuela... y en mi opinión, saber cómo manejar e invertir el dinero es una aptitud muy importante en la vida.

Últimamente hemos visto a millones de personas perder millones de dólares en la bolsa de valores. Predigo un desastre financiero en un futuro cercano, ya que millones de personas nacidas después de 1950 no tendrán dinero suficiente para el retiro. Mucho más importante que el dinero para el retiro es el destinado a la asistencia médica. Por lo regular escucho a asesores financieros que dicen: "Los gastos de vida disminuyen después de que te retiras." Lo que muchas veces no le dicen esos asesores financieros es que tras retirarse lo que aumenta son sus gastos médicos, incluso si disminuyen sus gastos de vida.

Mi padre pobre creía que el gobierno debía ayudar a cualquiera que no tuviera dinero. Aunque mi corazón está de acuerdo con él, mi mente financiera se pregunta cómo nuestro gobierno podrá proveer apoyo financiero para vivir y subsanar gastos médicos a millones de personas que pronto lo necesitarán. Para 2010, los primeros 83 millones de las primeras generaciones nacidas después de la Segunda Guerra Mundial comenzarán a retirarse. Mi pregunta es: ¿cuántos de ellos tienen la cantidad de dinero suficiente para sobrevivir una vez terminada su etapa como trabajadores? Y, si millones de ellos necesitarán millones de dólares para sobrevivir, ¿están dispuestas las nuevas generaciones a pagar por los gastos de vida de la gente mayor?

En mi opinión, es imperativo que nuestros sistemas escolares empiecen a impartir una educación financiera lo más pronto posible. Aprender cómo manejar e invertir el dinero es, a todas luces, de igual importancia que aprender a disecar una rana.

Un comentario personal

Mi esposa y yo pudimos retirarnos pronto sin un trabajo, sin ayuda del gobierno y sin acciones o fondos de inversión. ¿Por qué no teníamos fondos de inversión o acciones? Porque las consideramos inversiones de mucho riesgo. En mi opinión, los fondos de inversión son de los más riesgosos… No obstante, son una buena inversión si no se cuenta con ninguna educación ni experiencia formal en finanzas.

Si usted ha seguido últimamente las noticias financieras se habrá dado cuenta de que antes de la quiebra de la bolsa de valores, la cual comenzó en marzo de 2000, los asesores financieros decían: "Invierta a largo plazo, compre, conserve y diversifique." Después de la quiebra aconsejan: "Invierta a largo plazo, compre, conserve y diversifique." ¿Nota alguna diferencia?

> "Construir su propio negocio es la mejor forma para hacerte rico. Después de construir su negocio y tener un flujo de efectivo considerable, puede comenzar a invertir en otros activos."

Por lo tanto, si *no tiene* una buena educación financiera, tal vez quiera hacer lo que aconsejan la mayoría de los asesores financieros: ahorrar dinero en fondos de inversión, invertir a largo plazo y diversificar. Si usted tiene una educación financiera sólida, entonces tal vez no necesite seguir este consejo tan arriesgado. En cambio, puede hacer lo que mi padre rico me aconsejó, que es construir primero un negocio. Él decía: "Construir tu propio negocio es la mejor forma de hacerte rico." Mi padre rico también decía: "Después de construir tu negocio y tener un flujo de efectivo considerable, puedes comenzar a invertir en otros activos."

Otras formas de hacerse rico

Mi padre rico decía: "Ya que muchas personas no tienen la educación financiera adecuada, se les ocurren ideas muy interesantes para hacerse ricas que no son construir una red de negocios. Por ejemplo, millones de personas tratan de hacerse ricas jugando a la lotería o trabajando mucho y ahorrando dinero. Y algunas personas de hecho sí se hacen ricas utilizando estos métodos diferentes." También decía: "Si quieres hacerte rico, debes encontrar la forma que mejor te convenga." Las siguientes son algunas de las formas mediante las cuales la gente se enriquece:

1. **Puede hacerse rico al casarse con alguien por su dinero.** Ésta es una manera muy popular de hacerse rico. No obstante, mi padre rico siempre decía: "Tú sabes qué tipo de persona se casa por dinero."
2. **Puede hacerse rico siendo un estafador.** Mi padre rico solía decir: "El problema de ser un estafador es que tienes que asociarte con otros criminales. Gran parte de los negocios se basa en la confianza. ¿Cómo puedes tener confianza, cuando tus socios son estafadores?" También decía:

"Si eres honesto y cometes un error honesto en algún negocio, la mayoría de la gente entenderá y te dará una segunda oportunidad. Además de que si aprendes de tus errores honestos crecerás como negociante. Pero si eres un estafador y cometes un error, irás a la cárcel o tus socios te castigarán con sus propios métodos."

3. **Puede hacerse rico siendo codicioso.** Mi padre rico decía: "El mundo está lleno de personas que se han hecho ricas por ser codiciosas. La gente codiciosa es la más despreciada entre todos los tipos de gente rica."

   Después de la caída de la bolsa en 2000, el mundo se enteró de todo tipo de historias acerca de empresas que distorsionaron sus registros financieros, presidentes ejecutivos que mintieron a los inversionistas, personas con acceso a información privilegiada que vendieron acciones ilegalmente, y funcionarios corporativos que decían a sus trabajadores que compraran acciones mientras ellos vendían las suyas. Durante meses, los noticieros se plagaron de historias acerca de los líderes de Enron, WorldCom, Arthur Anderson y analistas de Wall Street que mentían, estafaban y robaban. En otras palabras, algunos de esos ricos eran tan codiciosos que rompieron las leyes y se convirtieron en criminales. Los primeros años del siglo XXI revelaron algunos de los peores ejemplos de codicia, corrupción y falta de moral, demostrando que no todos los criminales comercian con drogas, utilizan máscaras o roban bancos.

4. **Puede hacerse rico siendo tacaño.** Mi padre rico solía decir: "Tratar de hacerte rico siendo tacaño es la forma *más* popular mediante la cual la gente trata de hacerse rica." Y continuaba: "La gente que trata de hacerse rica siendo tacaña es la que por lo regular trata de vivir con un nivel de vida más bajo del que podría tener, en lugar de encontrar

una forma de elevarlo." También decía: "El problema de hacerte rico siendo tacaño es que al final continúas siendo tacaño." Todos hemos escuchado historias de personas que pasan su vida atesorando dinero, ahorrando centavos y comprando en rebajas sólo para reunir grandes cantidades de dinero. Pero aun cuando tienen mucho dinero, viven con el mismo nivel de pobreza que tiene alguien realmente pobre. Para mi padre rico, tener mucho dinero y vivir como alguien pobre no tenía mucho sentido.

Mi padre rico tuvo un amigo que fue tacaño toda su vida, ahorraba su dinero y nunca gastaba en nada salvo lo necesario. Lo triste era que sus tres hijos adultos no podían esperar a que muriera para quedarse con el dinero. Luego de su muerte, sus tres hijos compensaron todos los años de limitaciones y gastaron todo su dinero en menos de tres años. Después, los hijos eran tan pobres como su padre lo fue, incluso cuando éste llegó a tener mucho dinero. Para mi padre rico, la gente que atesora el dinero y vive como pobre es gente que adora el dinero, haciendo de éste su amo en lugar de aprender a ser los amos del dinero.

5. **Puede hacerse rico mediante el trabajo arduo.** El problema que tuvo mi padre rico con el trabajo arduo fue que se dio cuenta de que a las personas trabajadoras por lo regular se les dificulta disfrutar de su dinero y de su vida. En otras palabras, el trabajo duro era lo único que conocían. No sabían cómo divertirse.

Trabajar por el ingreso equivocado

Mi padre rico también nos enseñó a su hijo y a mí que muchas personas trabajan duro por el tipo incorrecto de ingreso. Decía: "Las personas que trabajan físicamente por el dinero, por lo regular trabajan duro por el tipo incorrecto de ingreso... porque el ingreso por el que se trabaja físicamente es el que más impuestos paga. Las personas que trabajan por el ingreso incorrecto por lo regular trabajan más y más sólo para pagar más y más impuestos." En la mentalidad de mi padre rico, trabajar por un ingreso que produce cada vez más impuestos no era inteligente financieramente. La mayoría de la gente que tiene un empleo trabaja por el ingreso que paga más impuestos. Además, las personas que reciben la menor remuneración por lo regular pagan el porcentaje más alto de impuestos.

Cuando era niño, mi padre rico me enseñó que existe más de un tipo de ingreso. Decía: "Existe el buen ingreso y el mal ingreso." En este libro usted aprenderá cuál tipo de ingreso es por el que hay que trabajar duro... y cuál es el ingreso que paga cada vez menos impuestos, aunque gane cada vez más dinero.

Mi padre rico también nos decía a su hijo y a mí que mucha gente trabaja duro durante toda su vida pero al final tiene muy poco que demostrar por todo ese trabajo duro. En este libro, se dará cuenta de cómo tal vez tenga que trabajar duro durante algunos años, pero a la larga tendrá la libertad para escoger nunca volver a trabajar... si eso es lo que escoge.

6. **Puede hacerse rico siendo realmente listo, talentoso, atractivo o superdotado.** Tiger Woods es un ejemplo de golfista superdotado... que pasó años desarrollando su don. Aunque ser dotado, inteligente o talentoso no es una garantía para volverse rico. Mi padre rico solía decir: "El mundo está lleno de gente talentosa que nunca se hace rica. Sólo ve a Hollywood y encontrarás muchos

actores bellos, atractivos y talentosos que ganan menos que la mayoría de la gente." Las estadísticas también demuestran que 65 por ciento de los atletas profesionales están en la ruina cinco años después de que sus carreras profesionales bien remuneradas han terminado. En el mundo del dinero se necesita mucho más que inteligencia divina, talento o belleza para hacerse rico.

7. **Puede hacerse rico con suerte.** Tratar de volverse rico con suerte es casi tan popular como tratar de volverse rico siendo tacaño. Como la mayoría de nosotros sabe, millones de personas apuestan millones, tal vez miles de millones de dólares en la lotería, las carreras, casinos y eventos deportivos, todo para tratar de volverse ricas con suerte. Además, como todos sabemos, para que una persona tenga suerte debe haber miles, tal vez millones, de personas sin suerte. Y estudios han demostrado que la mayoría de los ganadores de la lotería están en quiebra cinco años después de ganar más dinero del que pudieron haber ganado en cinco vidas completas. Por lo tanto, incluso el tener suerte una o dos veces no significa qué bien manejarás tu riqueza.

8. **Puede hacerse rico heredando dinero.** Cuando tenemos alrededor de veinte años, sabemos si vamos a heredar algo. Si usted sabe que no va a heredar nada, debe encontrar otra forma para hacerse rico.

9. **Puede hacerse rico invirtiendo.** Una de las quejas más comunes es que se necesita dinero para invertir. En la mayoría de los casos es verdad. Existe otro problema cuando se trata de invertir. Puede perder todo si no está educado en cuanto a finanzas o entrenado para ser un inversionista. Como muchos de nosotros hemos visto, la bolsa de valores es de riesgo y volátil, lo que significa que un día puede ganar dinero y perderlo al siguiente. Con los bienes

raíces, aunque puede utilizar el dinero del banco para invertir, no deja de ser necesario tener dinero y educación para acumular grandes riquezas. En este libro aprenderá a adquirir el dinero para invertir, pero, sobre todo, a convertirse en inversionista antes de arriesgar su dinero.

10. **Puede hacerse rico al construir un negocio.** Es la forma en la que la mayoría de los ricos se enriquecieron. Bill Gates construyó Microsoft; Michael Dell creó Computadoras Dell en su dormitorio. El problema es que construir un negocio de la nada sigue siendo la forma más riesgosa de hacerse rico. Incluso comprar una franquicia, lo cual es menos arriesgado, puede ser muy caro. Los precios para comprar franquicias conocidas pueden variar desde 100 mil hasta 1.5 millones de dólares, sólo por los derechos. Además de la cuota inicial, existen pagos mensuales que se deben cubrir a las oficinas centrales para entrenamiento, publicidad y apoyo. Asimismo, ni siquiera todo este apoyo es garantía de gran riqueza. Muchas veces una persona debe pagar dinero al contratista cuando su franquicia lo está perdiendo. Aunque comprar una franquicia es menos arriesgado que comenzar un negocio propio desde cero, las estadísticas muestran que un tercio de todas las franquicias caen a la larga en bancarrota.

La diferencia entre los dueños de negocios grandes y los dueños de negocios pequeños

Antes de continuar con la décimo primera forma de hacerse rico, quiero analizar la diferencia entre el dueño de un negocio pequeño y el de uno grande. La diferencia es que los propietarios de negocios grandes construyen redes. El mundo está lleno de dueños de negocios pequeños que tienen restaurantes. La diferencia entre el dueño de un solo restaurante y Ray Kroc, quien fundó McDonald's, es que ésta es una red de restaurantes de hamburguesas conocida como una red de franquicias. Otro ejemplo es el del dueño de un negocio pequeño que tiene un taller de reparación de televisiones comparado con Ted Turner quien construyó CNN, cuyas siglas significan Red de Noticias por Cable [Cable News Network]. Otra vez, puede darse cuenta de la presencia de la palabra red. La diferencia entre el dueño de un negocio grande y el de uno pequeño es simplemente el tamaño de su red. Mientras muchos dueños de negocios eso tienen: negocios, pocos de ellos construyen redes. En pocas palabras, construir una red es la forma mediante la cual se hizo rica la gente más rica del mundo.

La décimo primera forma de hacerse rico

11. **Puede construir un negocio de mercadeo en red.** La razón por la que pongo al mercadeo en red en el número once o como una forma completamente distinta de hacerse rico es que es una forma muy nueva y revolucionaria para alcanzar la riqueza. Si ya echó un vistazo a las primeras diez formas de hacerse rico, se habrá dado cuenta de que el enfoque está sólo en la persona que enriquece. En otras palabras, se puede ver como un enfoque codicioso. Por ejemplo, alguien que trata de hacerse rico siendo tacaño está enfocado principalmente en sí mismo y tal vez en algunos amigos y familiares para lograrlo. Alguien que se casa por dinero quiere tener el dinero para él o ella misma. Incluso un negocio grande se enfoca en algunas personas selectas

para enriquecerse. Cuando aparecieron las franquicias, muchas personas pudieron ser dueños de negocios y compartir la riqueza, pero en la mayoría de los casos se reservan sólo para los que tengan el dinero para comprarlas y, como ya comenté, actualmente una franquicia de McDonald's cuesta más de un millón de dólares. Por lo tanto, no estoy diciendo que esas personas sean malas o codiciosas, simplemente digo que en la mayoría de los casos, el enfoque no está en que muchas personas se enriquezcan… está en el individuo que se enriquece.

> "Un negocio de mercadeo en red es una forma nueva y revolucionaria para alcanzar la riqueza."

La razón por la que separo al mercadeo en red como la décimo primera forma de hacerse rico es porque es una manera nueva y revolucionaria de compartir la riqueza con cualquiera que realmente quiera adquirirla. Un sistema de mercadeo en red está construido para permitir que cualquiera comparta la riqueza. Un sistema de mercadeo en red, que por lo regular llamo *franquicia personal* o *red de negocios grande e invisible*, es, en mi opinión, una forma muy democrática de crear riqueza. El sistema está abierto para cualquiera que tenga vigor, determinación y perseverancia. Al sistema realmente no le importa en qué universidad cursó sus estudios, si llegó a ir a una, cuánto dinero gana actualmente, de qué raza o sexo es, qué tan atractivo es, quiénes son sus padres o qué tan popular es. A la mayoría de las empresas de mercadeo en red les importa principalmente cuánto está dispuesto a aprender, cambiar y crecer y si tiene las agallas para lidiar con todo mientras aprende cómo ser el dueño de un negocio.

> "Un sistema de mercadeo en red, que por lo regular llamo franquicia personal, es una forma muy democrática de crear riqueza."

Hace poco escuché una grabación de un inversionista muy rico y famoso en la que daba un discurso ante una famosa escuela de negocios. No menciono el nombre de la escuela ni del inversionista, ya que lo que estoy a punto de decir no es muy halagador. Él comentaba: "No estoy interesado en enseñar a la gente a invertir. No estoy interesado en ayudar a que la gente pobre crezca en la vida. Lo único que quiero es pasar el tiempo con personas inteligentes como ustedes, aquí en este lugar".

A pesar de que en lo personal no estoy de acuerdo con lo que dijo, le doy crédito por su honestidad. Como pasé gran parte de mi vida creciendo con los amigos ricos de mi padre rico, por lo regular llegué a escuchar ese tipo de comentarios, pero dichos de manera discreta y callada. Para el público, ellos estaban en los actos de caridad y donaban dinero para causas populares, pero muchos de ellos lo hacían para ser socialmente aceptados de alguna forma. En sus juntas privadas, por lo regular escuchaba sus verdaderos pensamientos, los cuales pertenecían a un contexto similar al del inversionista famoso en su discurso ante la famosa escuela de negocios.

Aunque no toda la gente rica comparte esa actitud, me impresionó ver cuántas personas ricas y exitosas lo son porque son codiciosas y tienen muy poco interés en ayudar a quienes tienen menos suerte. Y de nuevo, voy a declarar que no toda la gente rica comparte esta actitud, pero en mi opinión el porcentaje es significativo.

Una razón principal por la que apoyo a la industria del mercadeo en red es que sus sistemas son mucho más justos que los sistemas anteriores para obtener riquezas. Henry Ford, uno de los negociantes más importantes del mundo, se enriqueció al lograr el compromiso y misión de su compañía, The Ford Motor Company.

Su compromiso era: "Democratizar el automóvil." La razón por la que este compromiso fue tan revolucionario es que en esa época sólo los ricos podían comprar automóviles. La idea de Henry Ford era hacer accesible el automóvil para todos, lo que significa "democratizar el automóvil". Curiosamente, Henry Ford era un empleado de Edison y, en su tiempo libre, diseñó su primer auto. La Ford Motor Company nació en 1903. Al rebajar drásticamente los costos de producción y adaptar la línea de ensamblaje para producir masivamente autos baratos estandarizados, Ford se convirtió en el productor de automóviles más grande del mundo. No sólo hizo que su auto fuera accesible, sino también pagó los sueldos más altos en la industria y ofreció planes de ganancias compartidas para sus trabajadores, redistribuyéndoles más de 30 millones de dólares al año... y 30 millones de dólares valían mucho más a principios de 1900 que hoy en día.

En otras palabras, Henry Ford fue un hombre que se hizo rico gracias a que tenía interés no sólo en sus clientes, también en sus trabajadores. Era un hombre generoso, no codicioso. Henry Ford también recibió muchas críticas y ataques personales por la llamada sociedad intelectual. Henry Ford no tenía mucha educación y, al igual que Thomas Edison, a menudo era ridiculizado por su falta de educación formal.

Una de mis historias favoritas de Henry Ford es cuando se le pidió someterse a una prueba por la llamada gente inteligente del mundo de los académicos. En el día señalado, un grupo lo visitó para hacerle una prueba oral. Querían demostrar que era un ignorante.

La prueba comenzó cuando un académico le preguntó cuál era la fuerza de tensión del acero laminado que él utilizaba. Ford, al no saber la respuesta, simplemente fue a uno de los muchos teléfonos que había en su escritorio y llamó a su vicepresidente, quien sí sabía la respuesta. El vicepresidente entró, Ford le preguntó lo mismo y éste le dio la respuesta que el panel quería. La siguiente persona inteligente le preguntó otra cosa y Ford, al no saber la respuesta, llamó a alguien más de su equipo que sí la sabía. Este proceso continuó hasta que una de las personas inteligentes en el panel gritó: "Ven, esto prueba que es un ignorante. No sabe las respuestas a ninguna de las preguntas que se le han hecho."

Henry Ford contestó: "No sé las respuestas porque no necesito abarrotar mi cabeza con las respuestas que ustedes buscan. Empleo a personas jóvenes e inteligentes de sus escuelas quienes han memorizado las respuestas que ustedes esperan que yo hubiera aprendido. Mi trabajo no es memorizar la información que ustedes consideran inteligencia. Mi trabajo consiste en mantener la cabeza libre de tal desorden y hechos triviales para así poder pensar." En ese momento, pidió a la gente inteligente del mundo de los académicos que se fuera.

Durante años he memorizado el que me parece uno de los dichos más importantes de Henry Ford, y cito: "Pensar es el trabajo más arduo que existe. Por eso es que tan pocas personas se dedican a él."

"Pensar es el trabajo más arduo que existe. Por eso es que tan pocas personas se dedican a él."

Riqueza para todos

En mi opinión, esta nueva forma de negocios, el negocio del mercadeo en red, es una revolución simplemente porque por primera vez en la historia es posible que cualquier persona y todas las personas compartan la riqueza que hasta ahora se había reservado para unos cuantos elegidos o para las personas con suerte. Estoy consciente de la controversia acerca de esta nueva forma de negocio y de que ha existido gente codiciosa y en ocasiones estafadora con intenciones de ganar dinero fácil mediante este tipo de negocios. No obstante, si ve esta nueva forma de negocios desde otra perspectiva, se dará cuenta de que es un sistema socialmente muy responsable para compartir la riqueza. Un negocio de mercadeo en red no es bueno para gente codiciosa. Por la manera en que está diseñado, es el negocio perfecto para personas que gustan de ayudar a los demás. Por decirlo de otro modo, la única forma en la que funciona un negocio de mercadeo en red es ayudar a alguien más a hacerse rico mientras usted también lo logra. Para mí eso es revolucionario, como lo fueron Thomas Edison y Henry Ford en su época.

Sé que la mayoría de la gente es generosa. Tampoco estoy condenando la codicia, ya que un poco de ésta y un poco de interés personal siempre son saludables. Cuando se vuelven excesivos es cuando la mayoría de nosotros protestamos o movemos la cabeza en señal de disgusto. Ya que mucha gente es generosa y quiere ayudar a sus semejantes, esta nueva forma de sistemas de negocios en red da a más gente el poder para ayudar a más gente. Aunque este sistema de negocios no es para todos, si usted es una persona que realmente quiere ayudar a que la mayor cantidad de gente posible alcance sus metas financieras y sueños, entonces el negocio del mercadeo en red es algo que debe considerar.

En resumen

Actualmente, hay muchas formas para que una persona se enriquezca. La mejor forma de hacerlo es encontrar la que se adecue más a usted. Si es una persona a quien le gusta ayudar a otros, creo que esta nueva forma de sistema de negocios, el mercadeo en red, es para usted. Por eso he titulado este libro *La escuela de negocios: para personas que gustan de ayudar a los demás*. Si ayudar a otros no es su fuerte, hay al menos otros diez métodos que puede escoger.

En los capítulos siguientes hablaré sobre los valores esenciales que he encontrado en la mayoría de las empresas del negocio de mercadeo en red. En mi opinión, estos valores son los más importantes que debe considerar para decidir si formará o no parte de esta industria. Mi padre rico nos enseñó a su hijo y a mí que los valores esenciales son mucho más importantes que el dinero. A menudo decía: "Puedes hacerte rico siendo tacaño y codicioso. También siendo desprendido y generoso. El método que escojas será el que se acerque más a los valores esenciales que hay dentro de ti."

Capítulo 3

Valor # 1: Verdadera oportunidad equitativa

Por lo regular, la gente me pregunta: "Si usted no se hizo rico al construir un negocio de mercadeo en red, ¿por qué recomienda a los demás que se metan en el negocio?" Son varias las razones por las que lo recomiendo y las explico en este libro.

Mi mente cerrada

En algún momento a mediados de la década de 1970, un amigo me invitó a la presentación de una nueva oportunidad de negocio. Como tengo el hábito de investigar regularmente negocios y oportunidades de inversión, acepté ir a la junta. Aunque me pareció extraño que se celebrara en una casa privada y no en una oficina, terminé yendo de todos modos. Esa junta sería mi introducción al mundo del mercadeo en red.

Escuché con paciencia tres horas. Estuve de acuerdo con la mayoría de los conceptos acerca de por qué alguien debería comenzar su propio negocio. La parte a la que no puse mucha atención fue la explicación de cómo el negocio que ellos estaban construyendo era diferente del que estaba construyendo yo. Dicho simplemente, el mío era sólo para enriquecerme yo y ellos hablaban acerca de otro que enriqueciera a muchas personas. En esa etapa de mi vida, mi mente no estaba abierta a ideas tan radicales: un negocio sólo tenía que hacer ricos a los dueños.

Al final de la tarde, mi amigo me preguntó qué pensaba acerca de la oportunidad de negocios presentada. Mi respuesta fue: "Fue interesante pero no es para mí." Cuando me preguntó por qué no estaba interesado le dije: "Ya estoy construyendo mi propio negocio. ¿Por qué necesito un negocio con otras personas? ¿Por qué debería ayudarlos?" Después comenté: "Además, he escuchado rumores de que estos negocios de mercadeo en red son sólo proyectos en pirámide y son ilegales." Antes de que mi amigo pudiera decir algo más, desaparecí en medio de la noche, subí a mi auto y me fui.

En esa etapa de mi vida, a mediados de la década de los setenta, estaba construyendo mi primer negocio internacional. Por lo tanto, estaba muy ocupado tratando de mantener mi empleo y de fundar ese negocio en mi tiempo libre. Era un negocio de producción y mercadeo enfocado a llevar al mercado las primeras carteras de nylon y velcro para surfistas. Justo después de mi primera junta de mercadeo en red, mi negocio de carteras para deportistas tuvo mucho éxito. Mis dos años de trabajo duro estaban dando frutos. Parecía que el éxito, la fama y la fortuna nos inundaban a mis dos socios y a mí. Habíamos alcanzado nuestra meta, la cual era ser millonarios antes de los 30 años. En esa década, un millón de dólares tenía mucho valor. Mi compañía y mis productos eran mencionados en revistas como *Surfer*, *Runner's World* y *Gentleman's Quarterly*. Nuestros productos estaban en boga en el mundo deportivo y los pedidos llegaban de todo el mundo. Tenía en marcha mi primer negocio internacional. Por lo tanto, cuando se me presentó la oportunidad que me ofrecía un negocio de mercadeo en red, tenía la mente cerrada y no quería escuchar nada más. Debieron pasar años antes de que volviera a abrirse... abrirse lo suficiente para escuchar y cambiar mi opinión acerca de la industria. Pensé en el negocio de mercadeo en red quince años después.

Un cambio de mentalidad

A principios de la década de los noventa, un amigo a quien respeto por su sabiduría financiera y su éxito en los negocios, me dijo que estaba dentro del negocio de mercadeo en red. Bill ya era muy rico gracias a sus inversiones en bienes raíces, así que me confundió saber por qué tenía un negocio de mercadeo en red. Con mucha curiosidad, le pregunté: "¿Por qué estás en ese negocio? ¿No necesitas el dinero, o sí?"

Riendo a carcajadas, Bill dijo: "Sabes que me gusta ganar dinero, pero no estoy en el negocio porque lo necesite. Mis finanzas están en perfecto estado."

Sabía que Bill acababa de terminar proyectos comerciales de bienes raíces con valor de más de mil millones de dólares en los últimos dos años, así que estaba al tanto de que le iba muy bien. No obstante, su respuesta tan vaga me dio mucha más curiosidad, de modo que insistí y le pregunté: "Entonces, ¿por qué tienes un negocio de mercadeo en red?"

Bill pensó detenidamente y luego habló con su lento acento tejano: "Durante años, la gente me ha pedido consejos para bienes raíces. Quieren saber cómo hacerse ricos invirtiendo en ellos. Muchos quieren saber si pueden invertir conmigo o cómo pueden encontrar bienes raíces sin dar dinero."

Asintiendo le dije: "A mí me hacen el mismo tipo de preguntas."

"El problema es", continuó Bill, "que la mayoría no puede invertir conmigo porque no tienen dinero suficiente. No tienen los 50 mil o 100 mil dólares necesarios para entrar en mi nivel de inversiones en bienes raíces. Además, quieren una transacción sin enganche porque no tienen nada de dinero. Algunos están a dos cheques de la bancarrota. Por lo mismo, buscan ese tipo de transacciones baratas sin necesidad de enganche que por lo regular son muy malas. Tú y yo sabemos que las mejores transacciones en bienes raíces son para ricos que tienen dinero, no para quienes no lo tienen."

Asintiendo, le dije: "Entiendo. Recuerdo haber sido tan pobre que ningún banco o agente de bienes raíces me tomaba en serio. Dices que ellos no tienen dinero, o si lo tienen, no el suficiente para que puedan ayudarte. ¿No son suficientemente ricos para tus inversiones?"

Bill asintió: "Y a todo eso agrega que si tienen un poco de dinero, por lo regular son ahorros de toda su vida. Sabes que no recomiendo invertir todo lo que tienes. Además, si invierten esos ahorros, por lo regular tienen tanto miedo a perder que terminan por hacerlo. Y tú y yo sabemos que una persona que tiene miedo de perder por lo regular lo hace."

Mi conversación con Bill continuó durante algunos minutos, pero tenía que correr al aeropuerto. Todavía no estaba muy seguro de por qué él estaba en el negocio del mercadeo en red, pero mi mente cerrada comenzaba a abrirse. Quería saber más acerca de cómo alguien tan rico como él tenía un negocio de mercadeo en red. Comenzaba a darme cuenta de que había mucho más en el negocio que sólo dinero.

Durante los siguientes meses continuaron mis pláticas con Bill. Poco a poco comencé a entender sus razones para estar en el negocio. Las principales eran:

1. **Quería ayudar a las personas.** Ésta era su razón principal para tener ese negocio. Aunque era un hombre muy rico, no era codicioso ni arrogante.

2. **Quería ayudarse a sí mismo.** "Tienes que ser rico para invertir conmigo. Me di cuenta de que si ayudaba a que más personas se enriquecieran, tendría muchos más inversionistas." Bill continuó: "Lo irónico es que mientras más ayudaba a que otros se enriquecieran al construir su propio negocio, el mío crecía mucho más… y yo me enriquecía. Ahora tengo un negocio de distribución al consumidor, más inversionistas y más dinero para invertir. Eso habla de ganancias. Es por eso que en los últimos años he comenzado a invertir en proyectos de bienes raíces mucho más grandes. Como bien sabes, es más difícil hacerte rico invirtiendo en transacciones pequeñas de bienes raíces. Puede hacerse, pero si no tienes mucho dinero, sólo obtienes tratos de bienes raíces que la gente con dinero no quiere."

3. **Le gusta aprender y enseñar.** "Me encanta trabajar con personas a quienes les gusta aprender." En una de nuestras últimas conversaciones, Bill dijo: "Es agotador trabajar con personas que creen saberlo todo. En mi mundo de inversiones en bienes raíces, lo hago con mucha gente así. Es difícil trabajar con alguien que piensa que sabe todas las respuestas. Para mí, las personas que comienzan un negocio de mercadeo en red están en busca de nuevas respuestas y están preparadas para aprender. Me encanta aprender y enseñar en materia de negocios y compartir ideas nuevas con personas emocionadas con su educación constante. Como bien sabes, tengo una licenciatura en contaduría y una maestría en finanzas. Este negocio me permite enseñarles a otros lo que sé y continuar aprendiendo junto a los demás. Te sorprenderías al ver

cuántas personas de distinta procedencia, muy inteligentes y bien preparadas, están en este negocio. También las hay sin educación formal y están en este negocio con el fin de obtener la educación que necesitan para encontrar seguridad financiera en un mundo con cada vez menos seguridad de trabajo. Nos reunimos y compartimos lo que ya sabemos por nuestras experiencias personales y lo que estamos aprendiendo. Me encanta enseñar y aprender por esa razón. Es un gran negocio y una gran escuela de negocios de la vida real."

Una mente nueva y abierta

Así que, en algún momento de 1990, mi mente comenzó a abrirse y mi punto de vista sobre la industria del mercadeo de negocios cambió. Vi cosas que mi mente cerrada no había podido ver, cosas buenas y positivas acerca de la industria en lugar de las negativas… y hay negativas dentro del ramo. Pero siempre hay algo negativo en la mayoría de las cosas.

Después de retirarme en 1994, ya libre financieramente a la edad de 47 años, comencé mi propia investigación sobre la industria del mercadeo en red. Cada vez que alguien me invitaba a sus presentaciones, iba sólo para escuchar lo que tenía que decir. Llegué a unirme a algunas de las compañías de mercadeo en red si me gustaba lo que decían. Sin embargo, me unía no necesariamente para ganar más dinero, sino para tener una buena perspectiva de las cosas positivas y negativas de cada empresa. En lugar de cerrar mi mente, quería encontrar mis propias respuestas. Al estudiar varias compañías, observé las cosas negativas que la mayoría de la gente ve al primer vistazo, tales como la gente extraña que llega inicialmente a la industria y promueve

su negocio. Es muy cierto que hay muchos soñadores, vividores, estafadores, perdedores y artistas que quieren hacerse ricos de la noche a la mañana atraídos hacia este tipo
de negocios. Uno de los retos del mercadeo en red es que
hay una política de puertas abiertas, la cual permite unirse casi a cualquiera. Esta política es la oportunidad justa y
equitativa que la mayoría de los socialistas buscan, pero no
conocí a muchos socialistas incondicionales en esas juntas
de negocios: son para capitalistas o al menos para personas
que esperan volverse capitalistas.

> "Un negocio de mercadeo en red tiene una polí-
> tica de puertas abiertas."

Después de pasar por las masas de aspirantes, vividores y
soñadores, conocí a líderes de algunas empresas. Los que
conocí son algunas de las personas más inteligentes, no-
bles, honestas, espirituales y profesionales que he tratado.
Una vez que sobrepasé mis propios prejuicios y traté a personas que respetaba y con quienes me sentía relacionado,
encontré el corazón de la industria. Ahora podía ver lo que
antes no había podido, lo bueno y lo malo.

Por lo tanto, este libro fue escrito para responder la
pregunta: "Si usted no se hizo rico al construir un negocio
de mercadeo en red, ¿por qué lo recomienda a los demás?"
Debido a que no obtuve mi riqueza mediante negocios de
mercadeo en red, puedo ser más objetivo en mis opiniones
sobre esta industria. Este libro describe los que son, a mi
parecer, los valores auténticos de los negocios de mercadeo
en red, valores que van más allá de la posibilidad de ganar
mucho dinero. Por fin encontré un negocio con un interés
profundo en las personas.

La razón principal por la que apoyo la industria es que siempre he odiado los valores que encontré en el sistema educativo tradicional. Recuerdo que estaba en mi primer año de preparatoria, a los dieciséis años, y cómo un profesor le dijo a una amiga mía llamada Martha que nunca podría obtener mucho en la vida porque no le iba bien en la escuela. Era una niña tímida y sensible. Pude ver cómo las palabras de nuestro profesor fueron directo hacia su alma. Martha se salió de la escuela, a pocos meses de graduarse de preparatoria.

El problema que tengo con la escuela y el mundo empresarial es que son muy similares. Es un sistema de supervivencia del más apto. Si una persona comienza a tener problemas o no puede comprender algo, el sistema simplemente sigue su curso. Parece que los sistemas han perdido su corazón.

Mientras trabajaba en Xerox, un amigo mío tuvo malas ventas durante tres meses. En vez de ayudar a Ron, el gerente comenzó a amenazarlo, en lugar de enseñarle algo. Todavía puedo escuchar a nuestro gerente diciendo: "Si no vendes algo pronto, estarás despedido." Ron renunció una semana después.

Por lo mismo, otra razón por la cual apoyo a la industria del mercadeo en red es que en la mayoría de los casos las compañías son negocios muy compasivos. Si usted quiere sobresalir, aprender y estudiar a su propio ritmo, el negocio se mantendrá a su lado. Muchas empresas son realmente negocios de oportunidades equitativas. Si quiere invertir tiempo y esfuerzo, ellos también lo harán. Aunque yo no gané mi fortuna con un negocio de mercadeo en red, apoyaré cualquier negocio que valore la compasión y la oportunidad equitativa.

En resumen

Entre los dieciocho y veintisiete años, estuve en una academia militar adquiriendo mi educación universitaria y en el cuerpo de la Marina de Estados Unidos. En esas dos organizaciones, los valores son realmente los de un sistema de *supervivencia del más apto*. En la academia, si usted daba al profesor las respuestas que quería escuchar, podía graduarse. Si no, reprobaba. En los cuerpos de Marina, si hacía lo que estaba entrenado para hacer, sobrevivía en combate. En la guerra realmente se trata de la supervivencia del más apto.

Cuando regresé de la guerra de Vietnam quería cambiar algunos de mis valores. No quería ser bueno jugando a ganar o perder en el juego de supervivencia del más apto (el más inteligente) que aprendemos en la escuela. Por esa razón el compromiso de richdad.com es: "Elevar el bienestar financiero de la humanidad." Creemos que si un niño no sale bien en la escuela o no obtiene un trabajo bien remunerado, ello no significa que deba sufrir en cuanto a finanzas toda su vida.

Otra razón por la que en richdad.com apoyamos a tantos en la industria del mercadeo en red es porque creemos que muchos, aunque no todos en esa industria, comparten la misma misión. Hoy en día, en lugar de ganarle a mis compañeros en el tiempo de realizar una prueba, de matar a mi enemigo en el campo de batalla o quitar a la competencia en el mundo empresarial, preferiría trabajar con quienes desean ayudar a que otras personas logren sus metas financieras y sus sueños sin lastimar a otros. Para mí ése es un valor que vale la pena apoyar.

A principios de 2003, richdad.com toma nuestro juego de mesa *CASHFLOW para niños* y lo convierte en un juego electrónico en línea. El juego electrónico también viene con un programa educativo para el salón de clases dirigido a niños de cinco a doce años. Este juego electrónico y el programa se distribuyen en internet *sin cargos* y *sin mensajes comerciales*. Es nuestra forma de regresar algo de la buena fortuna que nosotros como negocio hemos recibido. También es una forma de recordarnos que debemos ser generosos en lugar de codiciosos.

El juego y el programa son divertidos y les transmitirán a los jóvenes de todo el mundo la misma educación financiera y aptitudes básicas que mi padre rico me enseñó cuando era joven. Hace años, los Beatles le enseñaron al mundo a cantar: *All we are saying is give peace a chance* [Lo único que decimos es que hay que darle una oportunidad a la paz.] Lo que nosotros estamos diciendo en richdad.com es: "Démosle a todos los niños una oportunidad." Darles la misma oportunidad de tener una educación financiera básica y fuerte. Creemos que una de las mejores formas de alcanzar la paz es trabajando activamente para terminar con la pobreza. También que la mejor forma de terminar con la pobreza es por medio de la educación financiera en lugar de limosnas financieras. Como decía a menudo mi padre rico: "Si le das dinero a una persona pobre, sólo haces que sea pobre durante más tiempo."

En la actualidad, muchas empresas de mercadeo en red difunden la paz brindando oportunidad económica en todo el mundo. Las empresas de mercadeo en red no sólo están prosperando en las principales capitales del mundo; muchas trabajan en los países en desarrollo, llevando esperanza financiera a millones de personas que viven en países pobres. La mayoría de las empresas tradicionales sólo sobreviven donde la gente es rica y tiene dinero para gastar. Es tiempo de que la gente de todo el mundo tenga una oportunidad equitativa para disfrutar de una vida rica y plena, en lugar de pasar su vida trabajando duro para hacer más ricos a los ricos. Si la brecha entre ricos y pobres se hace más grande, será mucho más difícil darle una oportunidad a la paz.

El siguiente valor

El próximo capítulo trata acerca del valor de la educación que cambia la vida, y que muchas empresas de mercadeo en red ofrecen. Si está listo para hacer cambios financieros en su vida, el capítulo y el valor que siguen son para usted.

Capítulo 4

Valor # 2: Educación de negocios que cambia la vida

No se trata del dinero

"Tenemos el mejor plan de compensación." Por lo regular escuchaba este comentario cuando investigaba las diferentes empresas de mercadeo en red. La gente, ansiosa por mostrarme su oportunidad de negocio, me contaba historias de personas que habían ganado miles de millones de dólares al mes gracias al negocio. También he conocido a quienes realmente ganan miles de millones de dólares al mes por su negocio de mercadeo en red... por lo que no dudé del potencial masivo de ganancia de un negocio de mercadeo en red.

Es cierto que el aliciente de ganar dinero llama a mucha gente al negocio. No obstante, no recomiendo interesarse en el negocio sólo por el dinero.

No se trata de los productos

"Tenemos los mejores productos." Esta afirmación es el segundo beneficio más remarcado que se me presentó al inspeccionar las diferentes empresas de mercadeo en red. También fue interesante darme cuenta de cuántas presentaciones de ventas enfocadas en los productos de las empresas se basaban en testimonios acerca de cómo habían cambiado la vida de la gente. En una, la fundadora de la empresa me contó cómo había inventado una poción secreta para salvar a su madre moribunda en Iowa. Tras investigar un poco, encontré que su madre nunca había vivido en Iowa y que el producto que decía haber inventado venía de un laboratorio de California que también lo distribuía a muchas otras empresas. Como ya he mencionado antes, existen estafadores y farsantes (en este caso estafadoras) en cualquier negocio y profesión.

Para ser un poco más justo, también debo mencionar que encontré muchas empresas de mercadeo en red con muy buenos productos… algunos todavía los consumo y utilizo. El objetivo de este capítulo es saber que aunque los planes de compensación y los productos son importantes, no son el aspecto clave del negocio que se considera.

Muchos tipos de negocios para escoger

En mi investigación de las diferentes empresas de mercadeo en red, me sorprendió la cantidad de productos o servicios diferentes que se ofrecen por medio del sistema.

La primera oportunidad de negocio de mercadeo en red que consideré en la década de los setenta se relacionaba con la venta de vitaminas. Las probé y me di cuenta de que eran de excelente calidad. Hasta la fecha tomo algunas. Conforme realicé mi investigación, encontré negocios en las siguientes categorías:

1. Cosméticos, productos para el cuidado de la piel, productos de belleza.
2. Servicios telefónicos.
3. Servicios de bienes raíces.

4. Servicios financieros, seguros, fondos de inversión, tarjetas de crédito.
5. Servicios legales.
6. Distribución de mercado vía internet, que comercializan productos de catálogo con descuento (casi todo de lo que vende Wal-Mart).
7. Productos para el cuidado de la salud, vitaminas y otros productos y servicios relacionados con el bienestar.
8. Joyería.
9. Servicios fiscales.
10. Juguetes educativos.

Y la lista continúa. Al menos una vez al mes escucho acerca de una nueva empresa de mercadeo en red con un nuevo giro en productos o plan de compensación.

Es el plan educativo

La razón número uno por la que recomiendo un negocio de mercadeo en red es por su sistema de educación. Recomiendo invertir tiempo para mirar mucho más allá de la compensación y de los productos, y para ver realmente el corazón de la empresa y percatarse si realmente están interesados en entrenarlo y educarlo. Eso toma mucho más tiempo que sólo escuchar una estrategia de ventas durante tres horas, ver catálogos coloridos de productos y saber cuánto dinero está ganando la gente. Para saber realmente qué tan buena es su educación, es necesario que "se ponga las pilas" e investigue su entrenamiento, seminarios educativos y eventos. Si le llega a gustar lo que oye en la primera presentación, tómese el tiempo para conocer a la gente que imparte educación y entrenamiento.

Investigue bien, ya que muchas compañías de mercadeo en red dicen tener muy buenos planes de educación. Sin embargo, encontré que algunas no tenían los buenos sistemas de educación y entrenamiento que afirmaban tener. En algunas empresas que investigué, el único entrenamiento era una lista de libros recomendados y después se enfocaban en entrenarlo para que reclutara a su familia y amigos en el negocio. Así que tómese su tiempo y busque con cuidado porque muchas compañías de mercadeo en red sí tienen planes de educación y entrenamiento excelentes... en mi opinión, incluso parten del mejor entrenamiento de negocios de la vida real que haya visto.

Lo que hay que buscar en un plan educativo

Si usted ha leído mis demás libros ya sabe que provengo de una familia de educadores. Mi padre fue director de los sistemas escolares del estado de Hawaii. Provengo de una familia de educadores, pero no me gusta nuestro sistema educativo tradicional. Aunque recibí una cita del Congreso para asistir a una excelente academia militar federal en Nueva York y me gradué en la licenciatura en ciencias, el mundo educativo tradicional me aburría. Fui estudiante y egresado, pero rara vez me sentí desafiado o interesado en lo que me pedían que estudiara.

Después de graduarme, me uní a las fuerzas de los marines de Estados Unidos y me aceptaron en el programa de vuelo de las fuerzas navales de Pansacola, Florida. Era la época de la guerra de Vietnam y había una gran urgencia por entrenar más pilotos. Mientras fui estudiante de piloto descubrí el tipo de educación que me emocionaba y desafiaba. La mayoría de nosotros hemos escuchado más de una vez la frase: "La oruga se convierte en mariposa." Eso es exactamente lo que hacen en la escuela de vuelo, cuando entré yo ya era un oficial con cuatro años de entrenamiento militar. No obstante, muchos estudiantes que entraban a las escuelas de vuelo venían frescos de universidades civiles y sí eran como orugas. Era la época de los hippies, había algunas personalidades muy extrañas ahí paradas en su ropa de civiles, con cabello largo, barba y bigotes, algunos con sandalias en lugar de zapatos, listos para empezar un programa educativo que cambiaría su vida. Si sobrevivían al entrenamiento de dos a tres años, saldrían como mariposas o pilotos listos para soportar los rigores de una de las formas más difíciles de vuelo del mundo.

La película *Top Gun*, en la que aparece Tom Cruise, trata sobre lo mejor de las orugas que la Escuela de Vuelo de la Marina convirtió en mariposas. Justo antes de que me fuera a Vietnam estuve de servicio en San Diego, California, donde está la escuela Top Gun. Aunque todavía no era lo suficientemente bueno para que me consideraran candidato a esa prestigiosa institución, la energía y confianza que los pilotos jóvenes mostraron en la película reflejó la manera en que la mayoría de nosotros nos sentíamos mientras nos preparábamos para ir a la guerra. Nos transformamos de jóvenes desaliñados que no podían volar... en jóvenes entrenados, con disciplina, listos física, mental y emocionalmente para enfrentar retos que la mayoría de la gente preferiría evitar. El cambio que observé en mí y en mis compañeros ejemplifica lo que llamo: "educación que cambia la vida". La mía cambió por completo cuando terminé la escuela de vuelo y partí hacia Vietnam. Ya no era la misma persona que había entrado a la escuela de vuelo.

Muchos compañeros pilotos se volvieron personas con mucho éxito en el mundo de los negocios años después de la escuela de vuelo y la guerra. Cuando nos reunimos y volvemos a contar las viejas historias, por lo regular hacemos hincapié en el gran efecto que el entrenamiento de la escuela de vuelo tuvo en nuestro éxito como empresarios.

Por lo tanto, cuando hablo de educación de negocios que cambia la vida, hablo de una lo suficientemente poderosa para transformar a una oruga en mariposa, un proceso que por lo regular se llama *metamorfosis*. Cuando usted revise el plan educativo de una empresa de mercadeo en red, le recomiendo buscar un plan educativo que marque una diferencia en su vida.

Sin embargo lo prevengo: tal como sucede en la escuela de vuelo, no todo mundo logra terminar el programa.

Escuela de negocios de la vida real

Una de las mayores virtudes de la escuela de vuelo era que los maestros eran pilotos que acababan de regresar de la guerra de Vietnam. Cuando nos hablaban, hablaban de experiencias de la vida real. Uno de los problemas que tuve con la escuela de negocios tradicional, a la cual asistí durante corto tiempo, fue que muchos de los profesores no tenían experiencia de negocios de la vida real. Si la tenían, era como empleados de una empresa, como gerentes con cargos no muy altos, en lugar de ser los fundadores.

Cuando fui a una escuela de negocios tradicional en Hawaii para obtener mi maestría en dirección de empresas, me di cuenta de que por lo regular trataba de aprender algo de *teoría* en administración o *teoría* en economía impartida por algún gerente de nivel medio que trabajaba para una corporación grande. Si el profesor no tenía ninguna experiencia en los negocios, por lo regular nunca había dejado el sistema escolar. En pocas palabras, entraban al sistema a los cinco años, en el jardín de niños, y continuaban tratando de enseñar a los estudiantes acerca del mundo real. Para mí, todo ese sistema era una broma.

La razón por la que fui a la escuela de negocios para obtener mi maestría en dirección de empresas era que quería ser empresario, no empleado. La mayoría de gerentes de nivel medio o profesores de la facultad no tenían la menor idea de lo que era necesario para comenzar un negocio de la nada. No eran empresarios sino empleados; no tenían idea de las habilidades de negocios necesarias para sobrevivir en las calles debido a que muchos nunca estuvieron en ellas o en el mundo real de los negocios. Habían dejado las torres de marfil de la escuela, para entrar a las torres de marfil del mundo corporativo, eran adictos a la seguridad en el trabajo y a un cheque de paga constante. En otras palabras, la mayoría tenia muy buenas teorías de negocios, pero muy pocas habilidades que les permitieran comenzar un negocio de la nada y obtener grandes riquezas en el mundo real de los negocios. La mayoría no podía sobrevivir sin un cheque de paga.

Duré nueve meses en esa escuela de negocios y después me salí sin nunca recibir mi título de maestría en dirección de empresas. Para mí, regresar a una escuela de negocios tradicional para obtener mi maestría era como regresar a una escuela para orugas. Después de la escuela de vuelo quería encontrar una de negocios que me enseñara a ser como mariposa. En 1974, cuando me dieron de baja de los cuerpos de la Marina, fui con mi padre rico y él me dio la educación en negocios que buscaba. La de mi padre rico era una escuela de negocios que se enfocaba en las *habilidades que harían rica a una persona* en lugar de las *teorías de lo que hacía funcionar a un negocio y a la economía.*

Mi padre rico por lo regular decía: "Las habilidades te enriquecen, no las teorías."

"Las habilidades te enriquecen, no las teorías."

¿Que si me arrepiento de haberme salido de la escuela de negocios? Hay veces en las que sí lo hago. Pero estoy muy bien acompañado por varios desertores: Bill Gates, Michael Dell, Steve Jobs y Ted Turner. Empresarios de hace mucho tiempo como Thomas Edison y Henry Ford también se salieron de la escuela. Creo que todos vieron el mundo de negocios de la vida real como un lugar más apasionante para obtener su experiencia. Estos hombres se convirtieron en mariposas gigantescas, cambiando para siempre el mundo de los negocios.

No me malentienda. Mucha información de la escuela de negocios a la que fui es muy valiosa para cualquiera que esté dentro de los negocios. No obstante, no me enseñaba las habilidades de la calle necesarias para convertirme en empresario. En lugar de eso, la escuela de negocios tradicional me enseñaba las habilidades para ser un empleado. Poco después de salirme de la escuela, comencé el primer negocio de carteras de nylon y velcro para surfistas, y lo llevé a nivel mundial con más de 500 representantes de ventas. Para cuando tenía 30 años ya era millonario, y dos años después la empresa se fue a la bancarrota. Aun cuando perder mi negocio no fue una experiencia placentera, sí me brindó una educación maravillosa. Aprendí mucho en tres años, no sólo acerca de los negocios, sino también acerca de mí.

Construir un negocio a nivel mundial y perderlo fue definitivamente una educación que no se basa en la teoría de los negocios. Para mí, era una educación invaluable que a la larga me haría rico pero, mucho más importante, que me daba libertad. No quería una educación que me convirtiese en una oruga con maestría que buscara trabajo. Después de la caída de la bolsa, mi padre rico me dijo: "El dinero y el éxito te vuelven arrogante y estúpido. Ahora con un poco de pobreza y humildad puedes volver a ser estudiante."

La razón por la que titulé este libro *La escuela de negocios* fue porque así son muchos negocios de mercadeo en red. Son escuelas para personas que quieran aprender las habilidades en la vida real de un empresario, en lugar de las habilidades de un empleado que quiere convertirse en un gerente de nivel medio en el mundo corporativo.

Al ir a algunos entrenamientos de negocios de mercadeo en red, pude conocer a los líderes que en la vida real eran dueños de negocios y comenzaron sus negocios de la nada. Muchos eran grandes profesores, ya que enseñaban a partir de la experiencia y no de la teoría. En muchos seminarios a los que asistí asentía ante sus pláticas sobre lo que es necesario para sobrevivir en las calles del mundo real de los negocios. Sin embargo, más importante que las habilidades del mundo real de los negocios, los líderes enseñaban las actitudes mentales y emocionales de la vida real que se necesitan para tener éxito en el mundo. La educación que encontré en algunos de los seminarios era invaluable… completamente invaluable, en especial para cualquiera que quiera transformarse en mariposa.

Por lo regular hablaba con los instructores después de los seminarios. Me sorprendía saber cuánto dinero habían ganado no sólo de sus negocios sino también de sus inversiones. Varios ganaban más que muchos presidentes de empresas importantes de Estados Unidos. Definitivamente, ganaban mucho más que los maestros que tuve mientras estudiaba en una escuela de negocios tradicional.

Sin embargo, había otra diferencia con esos instructores. Aunque eran ricos y no tenían que enseñar, sentían la necesidad de hacerlo y ayudar a sus semejantes. Los líderes promueven a la gente, mientras un negocio corporativo tradicional o del gobierno se basa en impulsar sólo a algunos y mantener a las masas de empleados a gusto con un cheque constante. Estos instructores en el mundo del negocio de mercadeo en red *no* decían: "Si no tienes un buen desempeño, perderás tu trabajo." En lugar de eso decían: "Déjame ayudarte a mejorar." También dirían: "Tómate el tiempo que necesites para aprender. Mientras quieras hacerlo, aquí estaré para enseñarte. Estamos en el mismo equipo." Ése es el tipo de educación de negocios que prefería.

Así que cuando considere un negocio de mercadeo en red, busque a las personas que lo dirigen, a quienes han tenido éxito en la industria, y pregúntese si quiere aprender de ellos.

Algunas de las materias más importantes acerca de los negocios de la vida real y que enseñan las empresas de mercadeo en red son:

1. Una actitud triunfadora.
2. Habilidades de liderazgo.
3. Habilidades para comunicarse.
4. Habilidades para tratar a la gente.
5. Cómo superar miedos personales, dudas y falta de confianza.
6. Cómo superar el miedo al rechazo.
7. Habilidades para administrar el dinero.
8. Habilidades de inversión.
9. Habilidades para ser responsable.
10. Habilidades para administrar el tiempo.
11. Cómo imponerse metas.
12. Cómo prepararse para el éxito.

Las personas con éxito en el negocio de mercadeo en red han desarrollado estas habilidades a partir de los programas de entrenamiento del mercadeo en red. Sin importar que usted logre alcanzar el lugar más alto del sistema del mercadeo en red o ganar mucho dinero, el entrenamiento será de gran valor para el resto de su vida. Si el plan educativo es bueno, puede mejorar su vida al máximo, tal vez para siempre.

¿Qué es la educación que cambia la vida?

A continuación está el diagrama que desarrollé para explicar lo que intento decir con educación que cambia la vida. Observe que es un tetraedro, un poliedro de cuatro lados conocido comúnmente como pirámide... y las pirámides de Egipto han sobrevivido durante siglos. En otras palabras, los tetraedros o pirámides son estructuras muy estables. Los

La Pirámide del Aprendizaje

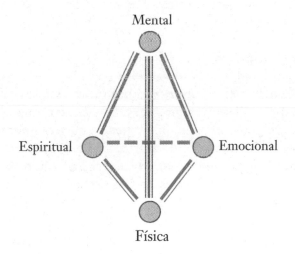

académicos han creído durante siglos que la ley universal o naturaleza opera en *cuatros*, en este caso *cuatro* lados. Por eso existen cuatro estaciones, invierno, primavera, verano, otoño. Para quienes estudian astrología, existen cuatro signos primarios, tierra, viento, fuego y agua. Cuando hablo de la educación que cambia la vida, los cambios se encuentran de nuevo en el número cuatro. En otras palabras, para que la educación que cambia la vida sea efectiva debe afectar los cuatro puntos de la Pirámide del Aprendizaje: educación mental, emocional, física y espiritual.

Educación mental

La educación tradicional se enfoca principalmente en la educación mental. Enseña habilidades como leer, escribir y aritmética, todas ellas muy importantes. Por lo regular se conocen como habilidades cognitivas. Lo que en lo personal no me gustó de la educación tradicional era cómo afectaba los aspectos emocionales, físicos y espirituales de la educación.

Educación emocional

Una de mis quejas respecto de la educación tradicional es que recae en el sentimiento del miedo… de forma más específica, el miedo a cometer errores, lo que conlleva miedo al fracaso. En lugar de motivarme a aprender, el profesor utilizaba el miedo al fracaso y decía: "Si no sacas buenas calificaciones, no conseguirás un trabajo bien remunerado."

Además, cuando estaba en la escuela me castigaban por cometer errores. Ahí aprendí de forma emocional a tener miedo de cometer errores. El problema se da en que en el mundo real, las personas que tienen éxito cometen la mayor cantidad de errores y aprenden de ellos.

Mi padre pobre, profesor de escuela, enseñaba que cometer un error era pecado. Mi padre rico decía: "Cometer errores es la forma en que estamos diseñados para aprender a andar en bicicleta cayéndonos y volviéndonos a subir, cayendo y volviendo a subir." También decía: "Es un pecado cometer un error y no aprender de él."

Continuaba con su explicación: "La razón por la que tantas personas mienten después de cometer un error es que están asustadas de admitirlo… Por lo mismo, desaprovechan una oportunidad de aprender y crecer. Cometer un error y admitirlo sin echarle la culpa a alguien más, sin justificarlo y sin dar excusas, es la forma en que aprendemos. Cometer un error y no admitirlo o echarle la culpa a alguien más por tus errores es un pecado." Hace poco tuvimos un presidente que tuvo relaciones sexuales extramaritales en la Casa Blanca. En mi opinión, lo peor aparte de tener relaciones sexuales extramaritales fue que mintió sobre su aventura cuando lo descubrieron. Mentir no sólo es señal de carácter débil sino también desperdicio de un buen error, una oportunidad para aprender algo.

En el mundo de los negocios tradicionales se mantiene la misma actitud hacia los errores. Si uno comete un error, por lo regular lo despiden o castigan. En el mundo del mercadeo en red lo motivan a aprender de los errores, corregirlos y hacerse más inteligente, mental y emocionalmente. Cuando aprendía en el mundo corporativo, los vendedores que no tenían buen desempeño eran despedidos. En otras palabras, vivimos en un mundo de miedo al fracaso, no de aprendizaje. Por eso muchas personas en el mundo corporativo se mantienen como orugas. ¿Cómo puede volar una persona cuando vive en un capullo corporativo enrollado fuertemente con el miedo al fracaso?

En el mundo del mercadeo en red, el enfoque de los líderes es trabajar con quienes no lo estén haciendo bien y motivarlos a subir, no despedirlos. Es probable que nunca hubiera aprendido a andar en bicicleta si lo hubieran castigado cada vez que se cayera y hubiera recibido una calificación reprobatoria en esa actividad.

Soy financieramente más exitoso que la mayoría de las personas, no porque haya sido más inteligente, sino porque tuve más errores que la mayoría. En otras palabras, tomé la delantera porque cometí más errores. En el mercadeo en red lo motivan a cometer errores, corregirlos, aprender y crecer. Para mí es la educación que cambia la vida. Cuando uno se separa del miedo puede comenzar a volar.

Si es una persona con miedo a cometer errores y teme al fracaso, un negocio de mercadeo en red con un buen programa educativo es especialmente bueno para usted. He sido testigo de programas de entrenamiento que construyen y restauran la confianza de una persona… y cuando usted tiene más confianza, su vida cambia para siempre.

Educación física

Por decirlo de una forma simple, las personas que tienen miedo a cometer errores no aprenden mucho porque no hacen mucho. La mayoría de la gente sabe que el aprendizaje es un proceso físico y mental. Leer y escribir son procesos físicos, así como aprender a jugar tenis. Si lo han condicionado a que debe saber todas las respuestas correctas y a no cometer errores, es probable que se dificulte su proceso educativo.

¿Cómo puede progresar si sabe todas las respuestas pero lo horroriza intentar cualquier cosa?

Todas las empresas de mercadeo en red que he estudiado motivan el aprendizaje físico y mental. Lo motivan a salir, actuar y a enfrentar sus errores, a cometer un error, aprender de él y a fortalecerse mental, emocional y físicamente.

La educación tradicional lo motiva a aprender los hechos y lo enseña emocionalmente a tener miedo a cometer errores, y eso lo retrasa físicamente. Vivir en un ambiente de miedo no es saludable mental, emocional, física ni financieramente. Como ya dije, tengo más dinero no por ser más inteligente académicamente, sino porque cometí más errores, los he admitido y he aprendido mis lecciones a partir de ellos. Y después cometí más errores... y espero cometer aun más en el futuro... mientras la mayoría de las personas trabaja duro por no cometer más errores. Por ello tenemos futuros diferentes. No puede mejorar su futuro si no está dispuesto a intentar algo nuevo y arriesgarse a cometer errores y aprender de ellos.

Las mejores empresas de mercadeo en red motivan a su gente a aprender algo nuevo de forma mental, a llevarlo a cabo, cometer errores, aprender, corregirlos y repetir el proceso. Es la educación de la vida real.

Si tiene miedo a cometer errores, pero necesita algunos cambios en su vida, un buen programa de mercadeo en red podría ser el mejor, a largo plazo, para usted. Una buena empresa lo llevará de la mano y lo guiará hacia una vida más allá del miedo y el fracaso. Además, si no quiere que lo lleven de la mano, no lo harán.

Se ha dicho que si quiere cambiar lo que hace una persona, debe cambiar la forma en que *piensa*. Últimamente, más personas coinciden en que si lo que quiere cambiar es la forma en la que *piensa* una persona, primero debe cambiar lo que *hace*. Lo bueno de un negocio de mercadeo en red es que se enfoca tanto en lo que usted *piensa* como en lo que *hace*.

El problema con los sistemas educativos tradicionales es que lo castigan por hacer algo mal en lugar de corregir lo que está haciendo.

Educación espiritual

En primer lugar, creo importante que explique mi visión personal antes de entrar en este tema por lo regular controversial y emotivo. Utilizo la palabra "espiritual" en lugar de "religiosa" por razones específicas. Así como hay buenas y malas empresas de mercadeo en red, en mi opinión existen buenas y malas organizaciones religiosas. De forma más específica, he visto a organizaciones religiosas fortalecer a una persona espiritualmente y he visto a otras debilitarla.

Por lo tanto, cuando hablo de educación espiritual puede o no incluir la educación religiosa. Cuando hablo de esta educación, lo hago de una forma no sectaria. Cuando se trata de religión, estoy a favor de la *Constitución de los Estados Unidos de América*, la cual garantiza la libertad de escoger la que se prefiera.

La razón por la que soy cuidadoso con este tema es que cuando era pequeño me dijeron: "Nunca hables de religión, política, sexo ni dinero." Además, estoy de acuerdo con la afirmación simplemente porque esos temas pueden ser delicados y emocionales. No es mi intención ofender sus sentimientos personales o creencias, sino más bien apoyar su derecho a tenerlos.

Más allá de las limitaciones humanas

Cuando hablo del espíritu de una persona, hablo del poder que nos lleva más allá de nuestras limitaciones mentales, emocionales y físicas... que por lo regular definen nuestra condición humana.

Mientras estaba en Vietnam, pude ver jóvenes que sabían que iban a morir y aun así continuaron combatiendo para que otros pudieran vivir. Un compañero de la escuela que luchó cerca del enemigo durante la mayoría de su tiempo en Vietnam lo dijo de forma más precisa: "Hoy en día estoy vivo porque hombres muertos siguieron peleando." Y agregó: "Dos veces estuve en batallas en donde fui el único que quedó con vida. Tu vida cambia cuando te das cuenta de que tus amigos dieron su vida para que tú vivieras."

En las noches, antes de una batalla, me sentaba en silencio en la proa de un portaaviones mientras abajo pasaban las olas. En esos largos momentos de silencio, me ponía en paz con mi alma. Me daba cuenta de que en la mañana volvería a enfrentar la muerte. Fue durante una de esas largas noches de silencio y soledad cuando me di cuenta de que morir al día siguiente era la forma fácil de hacer las cosas. Me di cuenta de que vivir era en muchas formas más difícil que morir. Una vez en paz con esa posibilidad de vida o de muerte, podía escoger cómo quería vivir mi vida al día siguiente. En otras palabras, ¿volaría con valentía o volaría con miedo? Una vez que tomaba mi decisión apelaba a mi espíritu humano para que me guiara durante el siguiente día, para volar y pelear lo mejor posible, sin importar el resultado.

La guerra es un suceso terrible. Ocasiona que la gente haga cosas terribles a otros seres humanos. Sin embargo, fue en la guerra donde también pude ver lo mejor de la humanidad, donde obtuve un sentido del poder humano más allá de nuestras limitaciones humanas. Además, todos tenemos ese poder. Yo sé que usted lo tiene.

La buena noticia es que no debe ir a la guerra para ser testigo de ese poder. Un día, mientras observaba una carrera de niños y niñas con discapacidad mental, percibí el mismo espíritu humano. Cuando observé a gente joven, algunos sin piernas, dando zancadas con prótesis, corriendo con corazón y alma, su espíritu tocó el mío. Las lágrimas corrieron por mis mejillas mientras veía a una niña con una sola pierna corriendo con todo su corazón. Podía ver en su cara el dolor que le producía correr con su pierna de repuesto; aun así, el dolor físico no fue ninguna amenaza contra el poder de su espíritu. Aunque no ganó la carrera, sí ganó mi corazón. Tocó mi espíritu humano y me recordó lo que había olvidado. En ese momento, me di cuenta de que todos esos jóvenes corrían por todos nosotros de la misma forma en la que corrían por ellos mismos.

Las películas, por lo regular, nos recuerdan el poder de nuestro espíritu. En la película *Corazón valiente*, Mel Gibson cabalga al frente de su enorme grupo de granjeros escoceses, atemorizados por la poderosa Armada Británica y grita desde el fondo de su alma: "Pueden matar nuestros cuerpos, pero no nos pueden quitar la libertad." En ese momento, habla desde su espíritu humano hacia el de los otros. Al tocar sus espíritus, sofocaba sus sentimientos de miedo y duda causados por falta de entrenamiento y por saberse con armas inferiores. Encendió sus espíritus para que siguieran adelante y vencieran al ejército más poderoso del mundo.

Me he dado cuenta de que los líderes más exitosos del mercado en red han sido entrenados para desarrollar la habilidad de hablarle al espíritu humano. Tienen la habilidad de motivar la grandeza que hay en quienes vienen justo atrás de ellos y de inspirarlos a subir... a ir más allá de sus limitaciones humanas, de sus dudas y miedos. Es el poder de la educación que cambia la vida.

Cuando tenía poco dinero, poca confianza en mí y pocas respuestas, mi padre rico me decía: "Existen tres personas en todos nosotros. Hay una rica, una pobre y una de clase media. Es tu trabajo darte cuenta cuál es la que actúa." Mi padre rico también solía decir: "El mundo de los negocios y las inversiones está formado por dos emociones: codicia y miedo. La mayoría de las personas no son ricas debido a la codicia y al miedo. Si quieres hacerte rico, necesitas superar tu miedo y volar." En mi opinión, la mejor forma de que usted supere sus miedos es poniéndose de nuevo en contacto con su espíritu, y es precisamente lo que hacen muchas empresas de mercadeo en red.

La palabra educación significa *sacar*. Uno de los problemas que tuve con la educación tradicional fue que está basada en el miedo al fracaso, más que en los retos que conlleva el aprendizaje, en aprender de nuestros errores. En mi opinión, la educación tradicional está planeada para *sacar* a la persona de clase media que vive en nuestro interior... que se siente insegura, necesita un trabajo, un cheque constante, vive con miedo a cometer errores y se preocupa por lo que sus amigos puedan pensar si hace algo diferente. La razón por la que apoyo a las empresas de mercadeo en red y por la que titulé este libro *La escuela de negocios* es que el tipo de educación que encontré en esas empresas está planeada para *sacar* a la persona rica que hay en ti. Yo valoro ese tipo de educación que cambia la vida.

Por cierto, la revista *Forbes* define a una persona rica como alguien que gana un millón de dólares o más por año.

Una persona pobre es definida como alguien que gana menos de 25 mil dólares. La pregunta no es lo que ganas actualmente... la pregunta es: "¿Tu trabajo te entrena para ganar más de un millón de dólares al año o más?" Si no, tal vez te convenga una mejor educación.

En resumen

Mi padre rico me felicitó cuando perdí mi primera empresa, el negocio de carteras de nylon y velcro para surfistas. Me dijo: "Acabas de pagar una educación de millones de dólares. Estás en camino de convertirte en una persona muy rica." También me dijo: "La razón por la que la mayoría de las personas nunca encuentran a la persona rica que hay dentro de ellas es porque la persona pobre piensa que está mal cometer errores."

Para mí, la diferencia entre los valores de la educación tradicional y de la educación que cambia la vida es la diferencia entre aprender de nuestros errores y castigar a las personas por cometerlos, así como conceder valor al espíritu humano, un espíritu suficientemente poderoso para superar cualquier falta de talento mental, emocional o físico.

El siguiente valor

Mi padre pobre valoraba la seguridad en el trabajo; mi padre rico valoraba la libertad financiera. En el siguiente capítulo hablaremos del valor de dejar de buscar la seguridad en el trabajo y perseguir la libertad financiera. Esto comienza al cambiar cuadrantes. En otras palabras, descubrirá por qué cambiar de trabajo no cambia la vida.

Capítulo 5

Valor # 3: Amigos que lo apoyen
en vez de criticarlo

"¿Qué van a decir mis amigos?", es la pregunta o preocupación que escuché muchas veces mientras asistía a seminarios educativos en alguna empresa de mercadeo en red. "Pensarán que estoy loco", es otra preocupación común.

Para muchas personas, el obstáculo más grande, aun cuando la oportunidad de negocios tenía sentido y querían cambiar su vida financiera, era lo que iban a pensar amigos y familiares si comenzaban un negocio de mercadeo en red.

Una tarde, había una madre soltera frente a un grupo de alrededor de 30 invitados que habían ido a escuchar la oportunidad de negocios que ella descubrió en el mercadeo en red. La mujer les contaba a todos cómo se había ido su esposo, dejándola sola con el trabajo de criar a cuatro hijos. En lugar de pedir asistencia social, esa valiente joven contó al grupo cómo comenzó un negocio de mercadeo en red y cómo ganaba más de 60 mil dólares al año, trabajando medio tiempo y criando tiempo completo a sus hijos. Dijo al grupo que el negocio le dio seguridad, esperanza, control sobre su vida y, sobre todo, tiempo con sus hijos. Para concluir afirmó: "Además de todo eso, en diez años seré millonaria gracias a que el negocio continúa creciendo. Algo que no habríamos logrado si me hubiera quedado en mi antiguo trabajo. Nunca habría podido lograr todo eso sin el apoyo de las personas de este negocio."

Para ella, el dinero no era lo más importante: el negocio le regresó su vida, podía una vez más tener sueños que no se había atrevido a tener durante años. En el tiempo de preguntas y respuestas ella dijo: "Puedo pagar la educación universitaria de mis hijos y no tendrán que hacerse cargo de mí cuando envejezca. No seré una carga para ellos. Eso me proporciona un gran alivio, una gran paz mental."

Cuando terminó la tarde, le di las gracias a la persona que estaba en el negocio por haberme invitado. Al cruzar la puerta, un joven ejecutivo de negocios, también invitado, me preguntó: "¿Qué te pareció?"

"Creo que fue una presentación maravillosa", le contesté.

"Sí, lo fue. Pero parece demasiado bueno para ser verdad", me comentó mientras buscaba las llaves en su portafolio.

"¿Por qué no inviertes un poco de tiempo y descubres si es verdad o mentira?", le sugerí. "Tal vez sea lo que estás buscando."

"No, no podría hacerlo. ¿Sabes lo que pensarían mis amigos en la oficina si les digo que voy a empezar un negocio de mercadeo en red? Se tirarían al suelo por la risa. Ya sabes cómo son los colegas."

Le sonreí asintiendo y contesté: "Sí, sé cómo son los colegas." Se metió en su coche, yo en el mío y cada quien tomó su rumbo en la noche.

La tarea más difícil de todas

Lancé mi cartera de nylon y velcro para surfistas en 1976. Dos amigos y yo comenzamos el negocio de la nada, dedicando medio tiempo, mientras trabajábamos tiempo completo para Xerox. Sabía que no podía quedarme mucho porque el negocio de carteras para surfistas comenzaba a crecer y cada vez se necesitaba invertir más y más tiempo. Todavía recuerdo cuando dije a algunos de mis compañeros de la oficina que pronto tendría que renunciar a mi trabajo en Xerox y dedicar tiempo completo al negocio de carteras para surfistas.

"¡Estás loco!", me dijo uno de los vendedores más importantes. "Fracasarás." "¿Tienes idea de la cantidad de personas que quieren trabajar para Xerox?", me dijo otro vendedor de alto nivel. "Tienes un excelente trabajo, excelentes prestaciones, buena paga y muchas oportunidades de ascenso. Si no te metes en líos, algún día podrías ser gerente de ventas. ¿Por qué te arriesgarías a perder un trabajo tan bueno?"

"Vas a regresar", dijo otro vendedor. "He visto a millones de personas como tú. Personas que creen que son especiales. Dejan la empresa, fracasan y después regresan con el rabo entre las piernas... si todavía les queda el rabo."

El grupo de seis vendedores y dos vendedoras se rieron con ese comentario y continuaron hablando acerca de la nueva copiadora que iba a sacar la empresa, y sobre quién iba a ganar el juego de béisbol esa noche. Me di cuenta de que había hablado acerca de mi negocio y mis sueños con la gente incorrecta, que hablaba con quienes me criticarían en lugar de apoyarme.

Años más tarde, después de la junta de mercadeo en red cuando ese joven me dijo: "No podría hacerlo. ¿Sabes lo que pensarían mis amigos de la oficina si les digo que voy a empezar un negocio de mercadeo en red? Se tirarían al suelo por la risa. Ya sabes cómo son los colegas", supe exactamente a lo que se refería.

Para mí, la parte más difícil de dejar un trabajo seguro y comenzar un negocio era lidiar con lo que mis amigos, familiares y compañeros de trabajo dirían o pensarían: ésa fue la tarea más difícil de todas.

Un cambio de cuadrante, no un cambio de trabajo

¿Cuántas veces ha escuchado a personas que hacen comentarios como estos?

1. "Desearía poder renunciar a mi trabajo."
2. "Estoy cansado de cambiar y cambiar de trabajo."
3. "Desearía ganar más dinero, pero no puedo renunciar y comenzar desde cero con una empresa nueva. Y no quiero regresar a la escuela y aprender una nueva profesión."
4. "Cada vez que me dan un aumento, la mayor parte se va con los impuestos."
5. "Trabajo duro, pero la única gente que se enriquece son los dueños de la empresa."
6. "Trabajo duro, pero no avanzo financieramente. Tengo que empezar a pensar en el retiro."
7. "Tengo miedo de que la tecnología o un trabajador más joven me hagan obsoleto."
8. "No puedo seguir trabajando tan duro. Me estoy haciendo viejo para eso."
9. "Fui a la escuela de odontología para ser dentista, pero ya no quiero serlo."
10. "Sólo quiero hacer algo diferente y conocer nuevas personas. Estoy cansado de perder mi tiempo entre personas muy ambiciosas que no llegan a ningún lado. Estoy cansado de pasar el tiempo con perso-

nas que sólo trabajan lo necesario para que no los despidan, y también estoy cansado de trabajar para una empresa que sólo nos paga lo necesario para que no renunciemos."

Las anteriores son declaraciones comunes hechas por individuos atrapados en uno de los espacios del Cuadrante del flujo de dinero. Son comentarios hechos por quienes están listos para un cambio. Desafortunadamente, en lugar de cambiar de cuadrante sólo cambian de trabajo.

¿Qué es el Cuadrante del flujo de dinero?

El segundo libro de esta serie es *El cuadrante del flujo de dinero*. Muchas personas dicen que es mi libro más importante, en especial para quienes desean hacer cambios en su vida… uno más grande que simplemente cambiar de trabajo.

El diagrama siguiente es el Cuadrante del flujo de dinero de Padre Rico.

La E significa "empleado".
La A significa "autoempleado" o "dueño de un negocio pequeño".

La D significa "dueño de un negocio".
La I significa "inversionista".

¿Cómo sabe en cuál cuadrante está?

Lo puede deducir simplemente al saber de qué cuadrante proviene su ingreso. Por ejemplo, si lo recibe de un trabajo con un cheque de paga constante por parte de una empresa o negocio *del cual no es dueño*, su ingreso es del cuadrante E. Si recibe la mayor parte de su dinero de sus inversiones, entonces es un inversionista, una persona del cuadrante I. Si es el dueño de un negocio pequeño, un médico o abogado, o una persona que trabaja sólo por comisiones, como los agentes de bienes raíces, probablemente esté en el cuadrante A. Si es dueño de un negocio grande, con más de 500 empleados, entonces está en el cuadrante D.

Diferentes cuadrantes, diferentes valores

Hace algunos años, mi padre rico me explicó que los diferentes cuadrantes tenían diferentes valores. Por ejemplo, aunque una persona del cuadrante E sea conserje o presidente de la empresa, están unidos por el mismo grupo de valores esenciales. Una persona en el cuadrante E, sin importar si es conserje o presidente, por lo regular piensa o dice cosas como: "Estoy en busca de un trabajo seguro con prestaciones." O: "¿Cuánto ganamos por trabajar horas extra?" O: "¿Cuántos días de vacaciones con goce de sueldo tenemos?" En otras palabras, la *seguridad* es un valor esencial muy importante para alguien en el cuadrante E.

Valores del cuadrante A

Para las personas en este cuadrante, el valor principal es *independencia*.

Quieren su libertad y hacer lo que les plazca. Cuando una persona dice: "Voy a renunciar a mi trabajo y hacer las cosas por mi cuenta", por lo regular se dirigen del cuadrante E al A.

Las personas en el cuadrante A son dueñas de negocios pequeños o familiares, especialistas y asesores. Por ejemplo, tengo un amigo que instala televisiones de pantalla grande, sistemas telefónicos y de seguridad para las casas de la gente rica. Tiene un equipo de tres personas y está feliz de ser el jefe. Es un vendedor rudo, que trabaja duro y está encargado de las ventas al igual que los agentes de bienes raíces y seguros que están en el cuadrante A, también lleno de médicos, abogados y contadores que no son parte de una firma grande, médica, legal o de contaduría.

La forma en la que puede saber si una persona está en el cuadrante A de nuevo es por las palabras. Por lo regular dirá: "Si quieres que algo se haga bien, hazlo tú mismo." O: "Tengo los mejores productos." Si tuvieran un tema musical sería: "Nadie lo hace mejor." En el núcleo del cuadrante A, detrás de la fachada de independencia, por lo regular se encuentra una falta de confianza en otras personas... de que alguien lo pueda hacer mejor que ellos.

La forma en la que se le paga al A por lo regular es por comisiones o cantidad de tiempo que pasan en un trabajo. Por ejemplo, se puede escuchar a un A diciendo: "Mi comisión es de 6 por ciento del precio total de la venta." O: "Cobro 100 dólares la hora." O: "Mi tarifa son los costos más 10 por ciento."

La persona del cuadrante A es el John Wayne de los negocios. Puedes escucharlos diciendo: "Lo voy a hacer por mi cuenta."

Valores del cuadrante D

Quienes comienzan de la nada y construyen grandes nego-cios del cuadrante D, por lo regular tienen misiones podero-sas de vida, valoran el trabajo en equipo y eficiente, y quieren servir y colaborar con el mayor número de personas posible. He mencionado ya en este libro a Thomas Edison, fundador de General Electric, a Henry Ford, fundador de Ford Mo-tor Company, y a Bill Gates, fundador de Microsoft.

Mientras alguien del cuadrante A quiere ser el mejor en su campo, otro del cuadrante D busca a los mejores en su campo para que se unan a su equipo. En el ejemplo an-terior, Henry Ford se rodeó de personas más inteligentes que él. Una persona de negocios del cuadrante A por lo regular es la más inteligente de un equipo pequeño, como un médico o un asesor.

Cuando se trata de la paga, alguien que pertenece al cuadrante D puede dejar su negocio y seguir recibiendo una paga. En la mayoría de los casos, si alguien del cua-drante A deja de trabajar, también se detiene su ingreso. Por lo tanto, una pregunta que tal vez quiera hacerse ahora es: "¿Si dejo de trabajar ahora, cuántos ingresos seguiré recibiendo?" Si tu ingreso se detiene en seis meses o me-nos, entonces es probable que estés en los cuadrantes E o A. Una persona del cuadrante B o I puede dejar de trabajar durante años y continuará recibiendo dinero.

Valores del cuadrante I

El valor del cuadrante I es la *libertad financiera*. Al inversio-nista le encanta la idea de que el dinero trabaje en lugar de hacerlo él.

Los inversionistas invierten en muchas cosas. En monedas de oro, bienes raíces, negocios o activos en papel, como acciones, bonos o fondos de inversión.

Si su ingreso proviene de planes de retiro gubernamentales o de una empresa y no de su conocimiento en materia de inversiones, es un ingreso del cuadrante E. En otras palabras, su jefe o el negocio todavía pagan la cuenta de sus años de servicio.

Un inversionista suele decir: "Estoy recibiendo un rendimiento de 20 por ciento de mis activos." O: "Muéstreme las finanzas de la empresa." O: "¿De cuánto es el gasto diferido de mantenimiento de la propiedad?"

Diferentes cuadrantes, diferentes inversionistas

Todos necesitamos ser inversionistas en el mundo actual. No obstante, nuestros sistemas educativos no nos enseñan mucho acerca de inversiones. Sé que en algunas escuelas enseñan a escoger acciones, pero para mí eso no es invertir: escoger acciones es apostar, no invertir.

Hace años, mi padre rico me explicó que la mayoría de los empleados invierten en fondos de inversión o ahorros. También dijo: "Los médicos por lo regular son los peores inversionistas." Asimismo: "Sólo porque seas exitoso en los cuadrantes E, A o D, no quiere decir que vaya a tener éxito en el I."

Mi padre rico también me explicó que los distintos cuadrantes invierten en formas diferentes. Por ejemplo, se puede escuchar a una persona del A diciendo: "Yo no invierto en bienes raíces porque no quiero arreglar inodoros." Una persona en el D que se enfrente al mismo reto de inversión puede decir: "Quiero contratar a una empresa de administración de propiedades para que arregle mis inodoros por la noche." En otras palabras, un inversionista del cuadrante A pensará que debe hacer el mantenimiento de la propiedad por sí mismo y el del D contratará a otra empresa para que lo haga por él. Personas diferentes, mentalidades diferentes, cuadrantes diferentes, valores diferentes.

Si quiere saber más acerca de las distintas personas que se ven atraídas a los diferentes cuadrantes, le sugiero leer el segundo libro de la serie: *El Cuadrante del flujo de dinero*. Como ya dije, muchas personas piensan que éste es el libro más importante para quienes estén dispuestos a hacer cambios en su vida.

Un negocio de mercadeo en red es un negocio del cuadrante D

Este negocio es para quienes desean entrar al D. ¿Por qué es un negocio del cuadrante D? La respuesta es que el sistema del negocio de mercado en red está diseñado para expandirse a más de 500 personas. Asimismo, el potencial de ingresos de un negocio semejante es, en teoría, ilimitado, mientras que el de ingresos de los cuadrantes E y A se limitan a cuánto puedes producir como individuo. En un negocio de mercadeo en red puede ganar lo que genere tu red. Si construye una grande, puede ganar una cantidad gigantesca de dinero.

El siguiente paso después de haber construido un negocio grande en red es moverse del cuadrante D al I. Al menos eso fue lo que mi padre rico me recomendó y lo que hice. Mis compañeros de ventas que se burlaron de mí cuando dejé Xerox y comencé mi propio negocio todavía son vendedores. Nunca cambiaron su forma de pensar ni sus valores esenciales, y por lo mismo nunca cambiaron de cuadrante. Actualmente, algunos de ellos están preocupados por perder su trabajo y otros no tienen dinero suficiente para retirarse. En pocas palabras, pasaron mucho tiempo en los cuadrantes E y A.

¿Qué quieres ser cuando crezcas?

Cuando era niño, mi padre pobre decía con frecuencia: "Ve a la escuela y saca buenas calificaciones para que así puedas tener un trabajo seguro." Me programaba para el cuadrante E.

Mi madre a menudo decía: "Si quieres ser rico deberías convertirte en médico o abogado. Así siempre tendrás una profesión que te respaldará." Me programaba para el cuadrante A.

Mi padre rico afirmaba: "Si quieres ser rico… deberías dedicarte a tus propios asuntos." Me recomendó que aprendiera a ser dueño de un negocio e inversionista.

Cuando regresé de Vietnam, tuve que decidir a cuál padre iba a escuchar. Al ver el Cuadrante del flujo de dinero, me tuve que hacer la siguiente pregunta: "¿En cuál cuadrante tengo mayores probabilidades de éxito financiero?" Sabiendo que no quería ser un empleado toda mi vida, ni quería ir a la escuela para ser médico o abogado en el A, sabía que mis mejores oportunidades estaban en los cuadrantes D e I. Sabía que eran los mejores para mí simplemente porque quería ser multimillonario y no seguir órdenes ni trabajar duro toda mi vida para ganar esos millones de dólares. Actualmente, los gano sin tener que ir a trabajar o sin hacerlo cada vez más duro. Trabajo menos y gano más porque utilizo el poder de las redes.

Ahora es *su turno* de ver los cuadrantes. La pregunta que debe plantearse es: "¿Cuál o cuáles cuadrantes son los mejores para mí?"

Una de las razones por las que muchas personas no tienen éxito en su vida es porque no cambian de cuadrante… la mayoría sólo cambia de trabajo. Por eso usted escucha que la gente cambia de trabajo o que dice: "Encontré el trabajo perfecto." Incluso si lo encuentran, no han cambiado mucho porque no cambiaron de cuadrante.

Un cambio de cuadrante significa un cambio de valores y de amigos

Una de las ventajas de un negocio de mercadeo en red es que está lleno de personas nuevas, algunas de las cuales se pueden convertir en sus nuevos mejores amigos. Para mí, la parte más difícil de dejar Xerox fue que la mayoría de mis amigos y familiares estaban en el cuadrante E. Tenían valores diferentes a los míos. Valoraban la seguridad y un cheque constante mientras yo valoraba la libertad y la independencia financiera.

Si está considerando un cambio de cuadrante y un negocio de mercadeo en red, va mucho más adelantado que yo. Al menos provee un grupo grande de apoyo de personas con la misma mentalidad, los mismos valores esenciales, los valores del cuadrante D, que lo pueden ayudar a hacer la transición. Lo único que yo tuve fue a mi padre rico y a su hijo, quienes me motivaban. Todos los demás pensaban que estaba loco y tal vez era así. Sin embargo, quedarme en Xerox sólo porque necesitaba seguridad en el trabajo y un cheque no eran razones suficientes para retenerme.

Los amigos que dejé en Xerox son todavía muy buenos amigos. Siempre lo serán porque estuvieron conmigo en la etapa de transición de mi vida. No obstante, para mí era tiempo de seguir con mi vida. Si ya es tiempo de que siga con su vida y el cuadrante D lo está llamando, tal vez le convenga unirse a un negocio de mercadeo en red y conocer nuevos amigos.

¿En cuál cuadrante están sus amigos?

Hoy en día tengo amigos en los cuatro cuadrantes, aunque los más cercanos están en los D e I. Uno de los retos para comunicarme con las personas es que siempre estoy consciente de sus valores y del cuadrante en que se encuentran. Me he dado cuenta de que cuando hablo acerca de negocios o inversiones con alguien del cuadrante E, no llega a entenderme por completo o se asusta con lo que digo. Por ejemplo, si le digo: "Me encanta comenzar mis propios negocios", puede que conteste: "¿Y eso no es riesgoso?" El punto al que trato de llegar es que hablamos con diferentes valores esenciales. Algo que es emocionante para mí resulta aterrador para alguien más. Así, en lugar de asustar a quienes están en los cuadrantes E y A, hablo del clima, de los deportes o de lo que hay en la televisión.

Muchas personas que ya están en el negocio de mercadeo en red utilizan mi Cuadrante del flujo de dinero para explicar sus negocios. Ellos dibujan el cuadrante como el que muestro abajo.

Después explicarán las diferencias en los valores esenciales a quienes estén interesados en comenzar su propio negocio de mercadeo en red. Muchos dicen que al utilizar este diagrama, el dueño potencial del negocio lo encuentra más tranquilizante y comprensible. El interesado puede entender que está haciendo cambios en los valores esenciales y entrando en una escuela de negocios para aprender cómo ser dueño de uno en lugar de ser empleado.

Aunque no todas las personas comenzarán un negocio, muchas agradecerán que usted use el cuadrante, atienda los valores esenciales y les ofrezca tiempo para decidirse, en lugar de ejercer la presión común para comenzar un negocio. Si toma tiempo para ver el cuadrante y sopesar pros y contras, sabrá que el cambio de un cuadrante a otro implica mucho más que cambiar de mentalidad… Es un cambio de valores esenciales y eso por lo regular lleva tiempo.

> "Cambiar de un cuadrante a otro es un cambio de valores esenciales."

Una de las razones por las que el mercadeo en red es tan difícil de explicar es simplemente porque hay muy pocas personas exitosas en el cuadrante B. La mayoría, debido a nuestras escuelas y a valores familiares, se encuentran en el E o en el A. De hecho, podría calcular que 80 por ciento de la población está en esos cuadrantes. También diría que 15 por ciento está en el cuadrante I y que menos de 5 por ciento está realmente en el D. En otras palabras, hay muy pocos Thomas Edison y Bill Gates en el planeta. Muchos presidentes ejecutivos son personas del cuadrante E y no del D. Por ejemplo, el famoso Jack Welch, antiguo presidente ejecutivo de General Electric, seguía siendo empleado de la empresa. Realmente fue un gran líder, pero el dueño del negocio, el fundador, fue un desertor de la escuela llamado Thomas Edison, quien tuvo visión y motivación para comenzar algo de la nada y convertirlo en un negocio gigante.

Repitiendo lo ya dicho, muy pocas personas han estado alrededor de un verdadero líder del cuadrante D. Por lo tanto, cuando un líder del mercadeo en red les habla de una oportunidad de negocio, por lo regular no tienen idea de la magnitud de la oportunidad que se les está dando. La mayor parte de su vida se relacionan con personas de los cuadrantes E y A; no se les ha permitido pensar en grande y muchos no son capaces de ver la oportunidad ofrecida. Cuando era joven, fui lo suficientemente afortunado de tener a mi padre rico para abrir mi mente al poder de un negocio del cuadrante D. Por eso sólo tuve un empleo durante cuatro años de mi vida. Mientras crecía, no tenía planes de estar en los cuadrantes E o A. Sabía que quería vivir en los D e I.

Si se decide a comenzar un negocio de mercadeo en red y habla con un amigo, tómese el tiempo de explicarle los cuadrantes y por qué decidió hacer su cambio personal. Si se toma el tiempo de explicarles los cuadrantes, sus amigos lo apoyarán mucho más que si les dice: "Voy a comenzar un negocio de medio tiempo con una empresa de mercadeo en red." Como ya dije, la razón por la que a veces es tan difícil explicar el negocio es que muy pocas personas conocen a alguien del cuadrante D. Lo único que la mayoría de la gente tiene a su alrededor son amigos y familiares de E y A. Así que tenga paciencia y utilice los cuadrantes para explicar tu nueva perspectiva ante la vida. Además, quién sabe, si es paciente y realiza un buen trabajo al explicar los cambios por los que atraviesa, puede que se unan a su viaje. Sólo aclárales que el viaje es un proceso, no una situación en la que uno se enriquece rápidamente, y puede durar años. Si lo piensa en serio, le recomiendo un plan de cinco años.

Plan de cinco años

A menudo me preguntan: "¿Por qué un plan de cinco años?" A continuación están mis razones:

Razón # 1: Se necesitaron años para construir Starbucks. Se requirieron años para construir McDonald's. Pasaron años antes de que Sony se convirtiera en un gigante del entretenimiento. En otras palabras, se necesitan muchos años para construir grandes compañías y grandes líderes de negocios. La mayoría de las personas piensan en la gratificación inmediata y en hacerse ricas rápidamente. Por eso hay tan pocas en el cuadrante D. La mayoría quieren dinero pero no están dispuestas a invertir su tiempo.

Como ya se dijo, el aprendizaje es un proceso físico... y el aprendizaje físico a veces toma mucho más tiempo que el mental. Por ejemplo, tal vez usted decida aprender a andar en bicicleta, pero el aprendizaje físico puede llevar mucho más tiempo que la decisión mental de andar en bicicleta. La buena noticia es que una vez que ha aprendido algo físicamente, será para siempre.

Razón # 2: Por otro lado, *desaprender* también es un proceso físico. Hay una frase que dice: "Loro viejo no aprende a hablar." Afortunadamente, nosotros los humanos no somos loros. No obstante, hay algo de cierto en la idea de que cuanto más viejos somos, a veces es más difícil *desaprender* las cosas aprendidas durante años. Una de las razones por las que tantas personas eligen los cuadrantes E y A es porque en ellos se sienten cómodas y seguras... después de todo, pasaron años aprendiendo cómo estar ahí. Por lo mismo, regresan al mismo sitio porque es cómodo, incluso cuando esa comodidad al final no es buena para ellas.

Tómese su tiempo tanto para *desaprender* como para aprender. Para muchas personas, la parte más difícil de cambiarse del lado izquierdo del cuadrante al derecho es *desaprender* los puntos de vista de los cuadrantes E y A. Creo que el cambio se dará más rápido y será más fácil una vez que haya desaprendido lo aprendido.

Razón # 3: Todas las orugas hacen un capullo antes de convertirse en mariposas. La escuela de vuelo fue mi capullo. Entré en ella después de graduarme en la universidad y salí como piloto listo para ir a Vietnam. Si hubiera ido a una escuela de vuelo de civiles, dudo mucho que hubiera estado listo para la guerra a pesar de ser piloto. Lo que debimos aprender como pilotos militares es diferente de lo que aprenden los civiles. Las habilidades son diferentes, la intensidad del entrenamiento también y la realidad de ir a la guerra al final del entrenamiento también hace distintas las cosas.

Necesité alrededor de dos años para completar la escuela de vuelo básica en Florida. Recibí mis alas, lo que significaba que era piloto, y después me transfirieron para recibir entrenamiento avanzado de vuelo en Camp Pendleton, California. Ahí nos entrenaron para combatir más que para volar. No lo aburriré con los detalles, pero en Camp Pendleton el entrenamiento subía y subía de intensidad.

Tras terminar la escuela de vuelo y convertirnos en pilotos, teníamos un año para prepararnos e ir a Vietnam. Volábamos constantemente en condiciones que nos ponían a prueba mental, emocional, física y espiritualmente... otra vez, los cuatro puntos de la Pirámide del Aprendizaje.

Alrededor de ocho meses dentro del programa en Camp Pendleton hicieron que algo cambiara dentro de mí. Durante un entrenamiento de vuelo finalmente me convertí en piloto listo para ir a la guerra. Hasta ese entonces ya volaba mental, emocional y físicamente. Algunas personas lo llaman "volar en forma mecánica". En esa misión de entrenamiento cambié espiritualmente. La misión fue tan intensa y aterradora que, de repente, eliminé todas mis dudas y miedos y mi espíritu tomó el mando. Volar se convirtió en parte de mí. Me sentí en paz y en mi hogar dentro de la aeronave; era parte de mí. Estaba listo para ir a Vietnam.

No es que no tuviera miedo... sí lo tenía. Seguía el miedo de ir a la guerra. Todavía estaba ahí el mismo miedo a morir. Incluso peor, a quedar inválido. La diferencia era que ahora estaba listo para ir a la guerra. La confianza en mí era mucho más grande que los miedos. Este tipo de educación que cambia la vida se encuentra en muchos negocios de mercadeo en red.

El proceso de convertirme en hombre de negocios e inversionista ha sido muy parecido al de convertirme en piloto para ir a la guerra. Fracasé dos veces en los negocios antes de encontrar mi espíritu… un espíritu que a menudo se llama "el espíritu del empresario" y me mantiene en el lado D e I sin importar lo difícil que se pongan las cosas. Me quedo en el D e I en lugar de escabullirme a la seguridad y comodidad del E y A. Diría que me tomó quince años obtener la confianza necesaria para sentirme cómodo en el cuadrante D.

Todavía utilizo el plan de cinco años

Cuando decido aprender algo nuevo, por ejemplo, invertir en bienes raíces, todavía me doy cinco años para aprender el proceso. Cuando quise aprender cómo invertir en acciones, también me di cinco años para aprender. Muchas personas invierten una vez, pierden algunos dólares y renuncian después de su primer error y por eso no logran aprender. Mi padre rico diría: "Un verdadero ganador sabe que perder es parte del proceso de ganar. Los perdedores en la vida son los únicos que piensan que los ganadores nunca pierden. Un perdedor es alguien que sueña con ganar y hace todo lo posible por evitar cometer errores."

Hoy en día todavía me doy cinco años para cometer la mayor cantidad posible de errores. Lo hago porque sé que mientras más errores cometa y aprenda de ellos, más listo seré en cinco años. Si no cometo ningún error, entonces no soy más inteligente de lo que era cinco años atrás. Sólo soy cinco años más viejo.

Todavía no termina mi viaje en los cuadrantes D e I

En lo personal, he estado en el viaje durante años y todavía tengo mucho que aprender. Lo más probable es que siga en él el resto de mi vida. Lo bueno es que mientras más aprenda, más ganaré y menos tendré que trabajar. Si usted o sus amigos tienen la idea de que pueden comenzar un negocio de mercadeo en red y esperan ganar dinero al instante, entonces siguen pensando como personas de los cuadrantes E o A: son las que con mayor frecuencia caen en las redes de los planes y engaños que prometen hacerlas ricas de la noche a la mañana. Si está decidido a comenzar su viaje, recomiendo que se comprometa a un mínimo de cinco años de aprendizaje, que cambie sus valores esenciales y conozca nuevos amigos. Esos cambios son para mí mucho más importantes que ganar unos dólares de más.

En resumen

La ventaja de un negocio de mercadeo en red es que no sólo proporciona una gran educación en materia de negocios, sino un nuevo mundo de amigos que siguen la misma dirección que usted y comparten los mismos valores esenciales. Además, para mí, ese tipo de amistad es invaluable. Sé que no habría hecho el viaje si no hubiera conocido a algunos magníficos amigos durante el camino.

P.D. Si debe utilizar el Cuadrante del flujo de dinero en sus explicaciones, le agradecería que le diera el crédito a mi padre rico por haber tenido la idea de una explicación tan simple de los cuatro tipos de personas en el mundo del dinero, los negocios y la vida. Hace años, el cuadrante de mi padre rico me mostró el camino hacia un mundo que mi padre pobre no sabía que existía. Espero que el cuadrante haga lo mismo por usted.

¿En cuál cuadrante está usted, sus amigos y su familia?

Antes de continuar, le sugiero dedicar un momento a evaluar a quienes están más cerca de usted y sus cuadrantes.

Persona	Cuadrante
	(E, A, D o E)
Padre	_____
Madre	_____
Cónyuge	_____
Hermanos (*escriba sus nombres*)	
_____	_____
_____	_____
Hermanas (*escriba sus nombres*)	
_____	_____
_____	_____
Amigos (*escriba sus nombres*)	
_____	_____
_____	_____
_____	_____
_____	_____
_____	_____
_____	_____
_____	_____

¿En cuál se encuentra actualmente y en cuál(es) quiere estar en el futuro?

	E	A	D	I
Su cuadrante actual	___	___	___	___
Sus cuadrantes en el futuro	___	___	___	___

¿Cuál es su plan para hacer cambiar de cuadrante? ¿Cómo planea conseguir educación y experiencia, y modificar sus valores esenciales?

_____

_____

_____

_____

_____

_____

_____

_____

_____

_____

_____

El siguiente valor

El siguiente capítulo aborda el valor de construir una red de amigos que se conviertan en dueños de negocios.

Capítulo 6

Valor # 4: ¿Cuál es el valor de una red?

Mientras trabajaba para Xerox Corporation en 1974, en Hawaii, tenía problemas para vender un producto conocido como telecopiadora, no sólo porque era relativamente nuevo, sino porque la gente preguntaba: "Bueno, ¿y qué otra compañía la tiene?" En otras palabras, una telecopiadora no tenía ningún valor si no la tenía alguien más, si no había una red de telecopiadoras. La mayoría de las personas nunca han escuchado hablar de telecopiadoras, pero sí del fax.

A medida que crecía el número de personas que utilizaban estas nuevas máquinas de fax, subió el valor de la telecopiadora... y las ventas se hicieron mucho más fáciles. Pasé cuatro años luchando por vender las nuevas máquinas, invirtiendo demasiado tiempo para explicar lo que eran y cómo las podían utilizar. Hoy, todos los negocios y muchos hogares tienen una, y en lugar de pasar horas tratando de explicar los beneficios de una telecopiadora, la gente simplemente escoge el modelo que desea. Se requiere poca explicación, excepto la necesaria para saber cómo se utiliza. El objetivo de esta discusión es que el valor de la telecopiadora, o la máquina de fax, subió en cuanto se convirtió en una red. Por eso, este capítulo trata del valor o poder de una red.

La Ley de Metcalf

Robert Metcalf es una de las personas que creó Ethernet; también fundó recientemente la empresa 3Com Corp.
Además, definió la Ley de Metcalf:

$$\text{Valor económico de una red} = \text{Número de usuarios}^2$$

Para explicar esta ley en términos más simples:
Si sólo existe un teléfono, como tal no tiene ningún valor económico. Según la Ley de Metcalf, si hay dos, el valor de la red de teléfonos se multiplicará al cuadrado. El valor económico de la red aumentará de cero a dos al cuadrado, o cuatro. Añade un tercer teléfono y el valor de la red será nueve. En otras palabras, el valor económico de una red crece de manera exponencial, no aritmética.

> "El valor económico de una red crece de manera exponencial, no aritmética."

John Wayne, hombre de negocios

Fue el modelo a seguir para la generación de mi padre. John Wayne representaba al individuo inquebrantable que no necesitaba a nadie más para llevar a cabo el trabajo. Incluso la forma en que trataba a las mujeres estaba dentro del estereotipo de relaciones: "Yo Tarzán... tú Jane." Los programas de televisión durante ese periodo, como *Las desventuras de Beaver*, mostraban cómo Ward Cleaver (el padre de Beaver) se iba a trabajar y June Cleaver (la madre de

Beaver) lo esperaba en casa, comportándose como esposa hacendosa, cocinando y limpiando hasta que su príncipe azul, su esposo, llegaba a casa con el cheque de paga.

Aunque muchas cosas han cambiado desde la transmisión de esas películas y programas de televisión de la década de los cincuenta, todavía persisten muchas ideas de negocios de esos años. Aún escucho a personas que dicen: "Voy a entrar en el mundo de los negocios y lo voy a hacer por mi cuenta." Para mí, la idea de *hacerlo por su cuenta* es la idea de John Wayne acerca de cómo entrar al mundo de los negocios. Anteriormente escribí que cuando la mayoría dice que va a entrar a los negocios para *hacerlo a su manera*, por lo regular se cambian del cuadrante E al A en lugar de al D. Hoy, el cuadrante A es el hogar del individuo inquebrantable, del John Wayne de los negocios.

Una franquicia es una red

En la década de los cincuenta surgió un nuevo tipo de negocios conocido como *franquicia*. Algunos de los nombres más famosos son McDonald's, Wendy's, etcétera. Actualmente, las franquicias tienen mucha aceptación. No obstante, antes de esa década, mucha gente con ideas viejas, los John Wayne de los negocios, criticaron las franquicias, algunos incluso las consideraron ilegales. En la actualidad, no importa qué lugar del mundo visite, puedo ver las famosas franquicias de McDonald's en Beijing, Sudáfrica y en lugares muy remotos. Hoy en día el mundo ha adoptado las franquicias.

Para decirlo de una forma más simple, la franquicia es un tipo de red de negocios, creada por varios dueños de muchos negocios que trabajan juntos. Todos sabemos que el dueño de una franquicia de McDonald's tiene muchos más caballos de fuerza que el individuo inquebrantable que abre su propio negocio de hamburguesas. Si se coloca un McDonald's cerca del negocio del individuo inquebrantable, las probabilidades apuntan a que el negocio individual quebrará al poco tiempo, aun cuando John Wayne pueda preparar mejores hamburguesas.

Como al principio de cualquier negocio, una nueva franquicia no es de mucho valor hasta que tiene cada vez más franquicias. Recuerdo cuando vi el primer Mail Boxes Etc. y haberme preguntado qué era. La empresa tuvo un crecimiento explosivo tras añadir franquicias. Lo mismo sucedió con Starbucks. Hace años comencé a escuchar acerca de esa pequeña empresa con un nombre chistoso que operaba carritos de café en Seattle. Actualmente veo un Starbucks en todos lados. En Nueva York hay uno en casi cada esquina. Aunque ese increíble crecimiento se ha logrado principalmente por medio de las tiendas que posee la empresa, no con franquicias, es otro ejemplo de la Ley de Metcalf.

En mi vecindario, una pequeña tienda de paquetería y correo que llevaba años tuvo que cerrar, después de que se abrió una franquicia de Mail Boxes Etc. en el mismo centro comercial. Le sucedió lo mismo al dueño de una pequeña cafetería, la cual salió del negocio tras surgir Starbucks, aun cuando la pequeña cafetería tenía muy buen café. Una vez más, el individuo inquebrantable pierde contra las redes.

El segundo tipo de negocios en red

En la década de los setenta comenzó otro nuevo tipo de negocio en red. Es del que trata este libro y actualmente se conoce como mercadeo en red. En lugar de una red de negocios en franquicia es una red de individuos en franquicia. En otras palabras, es una franquicia personal. Este nuevo negocio fue muy criticado cuando se hizo popular y millones de personas comenzaron a participar. Todavía recibe muchas críticas, pero la industria del mercadeo en red continúa creciendo más rápido que las franquicias o que los grandes negocios tradicionales.

Una de las razones por las que pocos ven el rápido crecimiento del mercadeo en red es simplemente que es un negocio invisible. A diferencia de los letreros que dicen McDonald's o Starbucks, las franquicias de mercadeo en red operan discretamente desde casas particulares o pequeñas oficinas. Además, hay numerosas franquicias exitosas del mercadeo en red que ganan mucho más dinero que las franquicias convencionales.

El negocio grande está ahora en el negocio del mercadeo en red

Al principio hice una lista de algunos productos y servicios que se ofrecen por medio de un sistema de distribución de mercadeo en red. Incluye servicios legales, fiscales y de telefonía, cosméticos, vitaminas, ropa, incluso bienes raíces. Una de las cosas más sorprendentes que encontré una vez que abrí mi mente es la cantidad de corporaciones grandes que tienen operaciones de negocios de mercadeo en red, como Citibank, AOL Time Warner y Berkshire Hathaway. Me di cuenta de que sólo había escuchado las críticas de quienes no estaban en el negocio. No había visto el negocio tal como es, virtual, lo que significa que es invisible, y no podía ver el crecimiento de la industria. Sólo escuché las quejas de los hombres anticuados, los John Wayne de los negocios. La causa de que la industria continúe creciendo es el poder de la Ley de Metcalf.

Aprovechar el poder de la Ley de Metcalf

La ventaja del mercadeo en red reside en que ha puesto al alcance del individuo promedio, personas como usted y yo, el poder de la Ley de Metcalf... pero debe cumplirla. Si sigue el principio de la ley, afiliarse a una empresa de mercadeo en red es un buen comienzo, pero no le permite aprovechar su poder. Sería como si comprara un teléfono, pero fuera el único.

> "Su trabajo es clonar o duplicar a alguien igual a usted."

Para que aproveche el poder, su trabajo es clonar o duplicar a alguien igual a usted. Cuando existan dos como usted, su valor económico se multiplicará al cuadrado. El valor de su red ha aumentado de cero a cuatro. En el momento en que haya tres como usted, el valor económico de su red se incrementará de cuatro a nueve. Si las dos personas que incluye también desarrollan a otras dos personas cada una, su red comienza a parecerse a un cohete que sale disparado hacia la luna. En lugar de trabajar duro aritméticamente, su valor económico comienza a crecer de manera exponencial. Ése es el poder y el valor de un negocio en red.

Con el paso del tiempo, el creador de una red de trabajo exitoso puede ganarle en ingresos a la mayoría de los profesionistas como médicos, abogados, contadores y demás individuos inquebrantables. La diferencia y el poder se explican por medio de la Ley de Metcalf... un valor muy importante para un negocio de mercadeo en red.

En el capítulo anterior hablé acerca del valor de tener nuevos amigos. Si invierte un poco de tiempo en explicarles el primer Cuadrante del flujo de dinero, preguntarles en cuál quieren invertir su tiempo y describirles el poder de la Ley de Metcalf, creo que estará con una persona mucho más abierta hacia la oportunidad de negocio que presenta. Tal vez también quiera explicar que el mercadeo en red es el modelo de negocios con el crecimiento más rápido en el mundo actual, aunque no lo puedan ver porque es virtual o invisible.

Construir un negocio de mercadeo en red es simplemente buscar amigos, nuevos y viejos, que quieran ir en la misma dirección que usted. Sólo véalo como si estuviera resolviendo un problema de matemáticas. Digamos que mete al negocio a diez nuevos amigos. Ahora el valor de su red es 100, no 10. Si cada una de esas personas mete a otras diez... el valor de su negocio explota. Como mencioné, mi mente estaba cerrada al mercadeo en red cuando fui por primera vez a una junta en la década de los setenta. Mis ojos no podían ver, por lo que no me di cuenta del poder de la oportunidad del negocio que estaba frente a mí. Hoy he visto la luz; si tuviera que hacer todo otra vez, en lugar de construir un negocio a la antigua, comenzaría por un negocio de mercadeo en red.

Una mejor idea a la cual cuesta menos entrar

En lugar de construir un negocio de mercadeo en red, gasté millones de dólares y a veces perdí millones construyendo

un negocio a la antigua. Aunque no me arrepiento de mi viaje, de haber aprendido a construir un negocio tradicional
de la nada, ahora puedo decirle que un negocio de mercadeo en red tiene mucho más sentido para la mayoría de
las personas... en especial si no tiene millones de dólares
o cientos de miles de dólares para comprar una franquicia
famosa. Para decirlo de una forma más simple, un negocio
de mercadeo en red, con su costo bajo de entrada e increíbles programas de entrenamiento, es por mucho una mejor
idea a la cual le ha llegado su momento. El negocio de mercadeo en red está explotando a nivel mundial. Lo único que
debe hacer es abrir su mente. No puede verlo con los ojos
porque hay muy poco que ver. No existen arcos dorados ni
sirenas verdes que lo llamen para que vaya a su lugar de negocios. El mercadeo en red se ha expandido a todo el mundo
y muy pocas personas pueden verlo.

El futuro de las redes

Aunque el negocio ha crecido inmensamente, ahora es el
momento de entrar al mercadeo en red. ¿Por qué lo digo?
Porque el mundo ha asimilado la idea de que terminó la era
industrial y de que entramos oficialmente en la de la información. Los negocios grandes como General Electric y
Ford Motor Company pertenecen a la era industrial. Las
franquicias como McDonald's son de transición entre la era
industrial y la era de la información. Los negocios de mercadeo en red son franquicias de la era de la información,
porque la mayoría opera con información, en lugar de con
terrenos, fábricas y empleados.

Mis padres siempre me decían cuando era niño: "Ve a la
escuela y saca buenas calificaciones para que puedas tener un

trabajo seguro con prestaciones." Es el tipo clásico de pensamiento de la era industrial. Mis padres realmente creían en la seguridad del trabajo, en conseguir una pensión de la empresa y asistencia médica del gobierno. Son ideas viejas de la era industrial. Actualmente, la mayoría sabe que la seguridad en el trabajo es un chiste y que un empleo de por vida dentro de una empresa no es una realidad para los trabajadores. Si a eso sumas los planes de ahorro para el retiro como el 401k, llenos de acciones y fondos de inversión riesgosos, también suena como una broma la idea de la seguridad del retiro. Hoy las personas necesitan nuevas ideas y sistemas mediante los cuales encontrar la seguridad financiera que nuestros padres alguna vez tuvieron. Una de las respuestas es el mercadeo en red. A medida que más gente se dé cuenta y sobre todo después de los ataques terroristas del 11 de septiembre y de la caída de la bolsa de valores, muchos más entenderán que el mercadeo en red es una respuesta nueva para un mundo que cada vez tiene menos seguridad. El mercadeo en red ofrece a millones de personas de todo el mundo la oportunidad de tomar el control de su vida y de su futuro financiero. Por eso el mercadeo en red continuará creciendo, aunque los viejos empresarios no logren verlo crecer.

En resumen

Hace años, cuando era un joven y trataba de vender las primeras telecopiadoras, hoy conocidas como máquinas de fax, tuve muchos problemas por el simple hecho de que muy pocas personas tenían una. Conforme fue creciendo su número, la venta se hizo mucho más fácil. Cuantas más máquinas de fax había, se hacían más valiosas. Es el poder de la Ley de Metcalf.

Hoy se presentan los mismos problemas para vender la nueva idea. Hace algunos años muchas personas se reían del mercadeo en red, hablaron mal de la industria dándole mala reputación. Sé que yo lo hice. En la actualidad, con los cambios en el mundo, el futuro de esta industria se está haciendo más brillante. Como mencioné, muchas corporaciones importantes tienen una división de mercadeo en red; que por fin se ha convertido en un negocio dominante, incluso cuando muy pocas personas se den cuenta… todavía. Así que aunque sus amigos o compañeros de trabajo no puedan ver la oportunidad, lo único que tiene que hacer es abrir su mente y verá el poder de la Ley de Metcalf, el poder de las redes que justo ahora está frente a usted. Lo único que debe hacer es decir: "Quiero que el poder de las redes trabaje para mí."

El siguiente valor

En el siguiente capítulo trataré la habilidad número uno que una persona debe tener para alcanzar éxito en el mundo real de los negocios. La virtud del mercadeo en red es que le enseña esta habilidad tan valiosa y a aumentar su riqueza durante el resto de tu vida.

Capítulo 7

Valor # 5: Desarrollar la habilidad más importante para los negocios

En 1974, mi vida cambió por completo. Me habían dado de baja los marines de Estados Unidos y estaba a punto de entrar al mundo real. Mi problema era, ¿a cuál mundo entraría, al de mi padre pobre para convertirme en empleado del cuadrante E, o al de mi padre rico, para ingresar al D?

Tenía dos profesiones con las cuales podía entrar fácilmente al cuadrante E. Podía regresar a la industria naval, convertirme en oficial de un barco y navegar buques de petróleo para Standard Oil, o convertirme en piloto de aerolínea comercial, como hicieron muchos compañeros. Las dos profesiones eran muy tentadoras, pero no quería ser oficial de barco ni piloto durante el resto de mi vida. Esos días habían quedado atrás. Aunque era mucho más arriesgado y ofrecía menos garantías, decidí seguir los pasos de mi padre rico en lugar de los de mi padre pobre.

A principios de ese año, antes de que me dieran de baja de los marines, fui con mi padre rico y le pedí que me entrenara para vivir en el mundo del cuadrante D. Todavía recuerdo haber entrado a su oficina en Waikiki y pedirle consejos para la siguiente etapa de mi vida. Tenía 26 años y necesitaba que me guiaran hacia un mundo al que muy pocas personas han ido, el del cuadrante D. "¿Qué debo hacer?", le pregunté. "¿Qué tipo de entrenamiento necesito?"

Alzando la vista de su escritorio, sin dudar, mi padre rico dijo: "Consigue un trabajo en ventas."

"¿Ventas?", aullé como un perro al que acaban de patear. "Quiero entrar en el cuadrante D. No quiero entrar en ventas."

Mi padre rico detuvo lo que estaba haciendo, se quitó los lentes, alzó la mirada, se me quedó viendo y dijo: "Tú me preguntaste cuál debería ser tu siguiente paso. Yo sólo te dije cuál. Si no quieres hacer lo que te recomiendo, sal de mi oficina."

"Pero quiero convertirme en dueño de un negocio. No quiero convertirme en vendedor", alegué.

"Mira", dijo mi padre rico. "¿Cuántas veces debo decirte que si vienes a pedir consejos tengas la cortesía de escuchar los que te doy? Si no quieres escuchar mis consejos, entonces no me los pidas. ¿Entendiste?"

"Entonces explícame, ¿por qué ventas?", le contesté con tono más humilde. Mis dos padres eran rudos y si estaba a punto de aprender algo debía escuchar con respeto. "¿Dime por qué es tan importante aprender cómo vender?"

"La habilidad de vender es la habilidad número uno en un negocio."

"La habilidad de vender es la habilidad número uno en un negocio", dijo mi padre rico. "Es la más importante del cuadrante D. Si no sabes vender, no pienses en convertirte en dueño de un negocio."

"¿La habilidad número uno?", le pregunté, repitiendo lo que me había dicho.

"Los mejores vendedores son los mejores líderes", dijo mi padre rico. "Mira al presidente Kennedy. Fue uno de los mejores oradores que he escuchado en mi vida. Cuando hablaba inspiraba a la gente, tenía el poder de hablar al espíritu de la gente."

"¿Quieres decir que cuando hablas en un escenario o en la televisión también estás vendiendo?", le pregunté.

"Claro", me contestó. "Y cuando escribes, cuando hablas contigo mismo o con tu hijo y le pides que recoja sus juguetes, todo eso es vender. Tus maestros de la secundaria trataban de vender todos los días."

"Algunos no hicieron un muy buen trabajo", contesté con una sonrisa presuntuosa.

"Pues por eso tal vez no fueron muy buenos profesores. Todos los grandes maestros han sido grandes vendedores. Mira a Jesús, Buda, la Madre Teresa, Gandhi, Mahoma. Todos grandes maestros, lo que significa que fueron grandes vendedores."

"¿Entonces, mientras mejor sea en ventas más éxito tendré en la vida?", pregunté.

"Y míralo por el otro lado", me contestó mi padre rico. "Mira a las personas con menos éxito en la vida. Nadie las quiere escuchar."

"¿Cualquiera puede ser bueno en ventas?", pregunté.

"Claro. Todos somos vendedores natos, sólo observa a un bebé o a un niño. Si tienen hambre y no consiguen lo que quieren, ¿qué hacen?"

"Todos somos vendedores natos."

"Comienzan a llorar", contesté. "Se comunican, comienzan a vender."

"Exacto", dijo mi padre rico. "¿Alguna vez has intentado negarle a un niño algo que quiere? Si el padre no se lo

113

da, va con su madre. Si su madre no le da lo que pide, toma el teléfono y habla a los abuelos. De alguna forma, conforme crecemos, algunos perdemos esa actitud de 'puedo obtener todo lo que quiera'. Mientras crecemos nos dicen que dejemos de pedir cosas, que dejemos de fastidiar, que ya no nos quejemos y dejemos de ser una molestia. Así aprendemos a dejar de vender."

"Entonces como adultos debemos *reaprender* algo que ya sabíamos", le dije.

"Si queremos obtener lo que deseamos en la vida", dijo mi padre rico. "Cuando tenía alrededor de 30 años, me di cuenta de que me estaba quedando atrás en mi vida. Había algo que me faltaba. Trabajaba duro pero las cosas no salían como yo quería, trabajar cada vez más duro no funcionaba. Finalmente acepté que si no hacía algunos cambios en mí era probable que terminara con una vida vacía. Por lo tanto, tenía que cambiarme a mí mismo. Poco a poco me di cuenta de que no sabía cómo comunicarme con la gente. Mis empleados no me escuchaban. Yo les decía que hicieran algo y ellos terminaban por hacer algo diferente o incluso nada. Mis clientes no me entendían. Les explicaba por qué mis productos eran mejores y seguían comprando los de alguien más. Me portaba muy raro cuando hablaba con extraños. Era muy aburrido en las fiestas. No estaba diciendo lo que quería. Mis habilidades de comunicación eran muy pobres. Pronto comprendí que si quería tener éxito en los negocios, debía aprender a vender, a ser un mejor comunicador. Necesitaba salir de mi concha, dejar de tener miedo a los demás, *reaprender* lo que una vez supe de niño." Mi padre rico hizo una pausa, parecía que su mente viajaba atrás en el tiempo. Finalmente, levantó la mirada y dijo: "¿Recuerdas que hace algunos años, cuando tú y Mike todavía estaban en la primaria, fui a tomar un curso de negocios durante una semana?"

"Lo recuerdo", comenté. "Mi padre pensó que eras tonto por tomar un curso de ventas."

"¿Lo hizo?", me preguntó. "¿Qué fue lo que dijo?"

"Dijo: '¿Por qué alguien gastaría tanto dinero tomando un curso con el cual no obtienes créditos universitarios?'"

Con eso, mi padre rico estalló en carcajadas. "Gasté mis últimos 200 dólares para asistir a ese curso. Sin embargo, me ha hecho ganar millones. ¿Y tu padre sólo podía pensar en créditos universitarios?"

"En efecto", dije encogiéndome un poco. "Valores diferentes. Mi padre quiere más títulos universitarios y tú más éxito financiero."

Todavía riéndose, mi padre rico abrió su bloc de notas y escribió las siguientes palabras:

Comprar / Vender

Señalándolas, mi padre rico dijo: "Éstas son dos palabras muy importantes en los negocios. En la bolsa de valores y en los bienes raíces siempre se habla de *contratos de compraventa*. Tanto un mercado como un negocio funcionan con compradores y vendedores. Si no tuviera compradores, estaría en bancarrota. Eso significa que debo vender constantemente. A mis empleados, mis inversionistas, por medio de la publicidad en televisión y periódicos, en mis cartas, y a mis contadores y abogados. Todo el día estoy vendiendo. Mantengo a mi equipo en movimiento y tengo que atraer a los clientes satisfechos y dejarlos aun más satisfechos. Así que vender es mucho más que intentar que alguien me dé un poco de dinero."

"Eso lo entiendo", le contesté. "¿Pero por qué es tan importante aprender a vender?, ¿por qué la habilidad para vender es la habilidad número uno del cuadrante D?"

"Excelente pregunta", dijo mi padre rico. "Lo que la mayoría de la gente no ve es que mientras más *vendas*, más *compras*."

"¿Qué?", le pregunté, tratando de entender un poco más y consciente de que acababa de escuchar algo muy importante. "¿Mientras más venda, más compro?"

Si quieres comprar, primero debes vender

Mi padre rico asintió, dejándome pensar en lo que yo estaba diciendo y aprendiendo. "Sólo puedes comprar tanto como puedas vender", dijo. "Si deseas comprar algo, debes vender algo primero. Por eso tu habilidad para vender es la número uno. Tienes que vender algo antes de comprar algo."

"¿Entonces si no puedo vender, no puedo comprar?", pregunté.

Asintiendo, mi padre rico dijo: "La gente pobre lo es porque no sabe vender… o no tiene nada que vender. Lo mismo sucede con las naciones pobres. Una nación pobre es una nación que no tiene nada que vender o no sabe vender lo que tiene. Lo mismo sucede con las personas. Hay muchas talentosas, pero no saben vender su talento. Un negocio que no sabe vender termina en bancarrota aun cuando tenga toneladas de inventario. Cuando encuentro un negocio con problemas financieros, por lo regular se debe a que su líder no sabe vender. Pueden ser inteligentes, pero son malos comunicadores. He conocido a muchos gerentes de nivel medio que no logran subir la escalera corporativa porque no saben vender. ¿Cuántas personas solteras y solitarias has conocido que no encuentran al hombre o mujer de sus sueños…? Simplemente no pueden comunicar lo buenas que son como personas."

"¿Quieres decir que cuando invito a salir a una chica, es como una venta?"

"Una venta muy importante", dijo mi padre rico. "El mundo está lleno de personas solitarias y pobres, porque nunca se les enseñó cómo vender… cómo comunicarse… cómo superar su miedo al rechazo… cómo levantarse de nuevo tras ser rechazados."

"Entonces vender afecta cada aspecto de la vida", añadí.

"Exacto. Por eso gasté mi último dólar hace algunos años para tomar un curso y aprender cómo vender. Actualmente tengo mucho más dinero que tu padre porque él tiene créditos universitarios, y yo, mejores habilidades en ventas. Por eso te digo que si quieres convertirte en hombre de negocios, tienes que aprender cómo vender y cómo mejorar tu habilidad para hacerlo. Mientras mejor vendedor seas, más rico te harás."

Mi padre rico explicó que su contador vende sus habilidades profesionales para recibir un cheque de paga constante: "Cuando una persona solicita un empleo, está vendiendo sus servicios profesionales." Después añadió: "Todo mundo vende algo. Cuando regresas a tu casa, todo lo que tienes ahí, estufa, refrigerador, sofá, televisión, camas, todo… alguien te lo vendió. Cuando manejas por la calle, presta atención a todo lo que veas. Alguien te vendió lo que tienes, si no lo robaste. Si lo robaste, sal de mi oficina porque no hago tratos con personas que roban; hago tratos con personas que venden."

"No sabía que vender era tan importante en los negocios", dije. "Que si quería ser rico, debía aprender cómo vender."

"Si quieres tener éxito en la vida, aprende cómo vender", añadió. "Mira el mundo real. Los políticos que ganan elecciones son grandes vendedores. Los líderes religiosos con más éxito son grandes vendedores. Los mejores profe-

117

sores son los mejores vendedores. Los niños nacen siendo grandes vendedores. ¿Entiendes lo que te digo?"

"Lo entiendo", dije. "Pero me asusta vender."

Con esa verdad, mi padre rico asintió y pensó en silencio durante un momento. "Gracias por tu honestidad", me dijo finalmente. "La mayoría de las personas tienen miedo de vender, miedo al rechazo. En lugar de admitir su miedo, hablan mal acerca de los vendedores diciendo cosas como 'yo no soy un vendedor, soy un profesional con educación'."

"Es decir, que la mayoría de las personas mienten acerca de sus miedos", comenté. "Aparentan que el acto de vender está por debajo de ellos."

"Exactamente. Muchas personas no admitirán su miedo a vender. Así que ven con desprecio a las personas que lo hacen y a la profesión de ventas", contestó mi padre rico. "Y las personas que hacen eso por lo regular son pobres en una o dos áreas de su vida, en algún logro personal o en el amor. La mayoría de quienes no pueden, deben vivir debajo del nivel que podrían tener, compran en rebajas o viven de manera modesta porque tienen miedo a vender. Su miedo y falta de habilidades en ventas los mantiene pobres."

"Pero la mayoría de la gente tiene miedo al rechazo, ¿no?", pregunté.

"La gente aprende a superar sus miedos en lugar de permitir que éstos manejen su vida."

"Sí, claro", dijo mi padre rico. "Por eso las personas exitosas superan sus miedos en lugar de permitir que éstos manejen su vida. Por eso volé a Honolulu con mis últimos dólares para tomar un curso de ventas. Además, por eso te doy el mismo consejo que me di a mí. Mi consejo es: "aprende a vender. Lo diré otra vez, cuando alguien es pobre, no tiene éxito o es solitario, es porque ha fracasado en vender algo. Si quieres obtener lo que quieres, primero debes vender algo."

"¿Entonces puedo comprar lo que quiera... si puedo vender?", pregunté.

Mi padre rico asintió: "Por eso vender es tu habilidad más importante. ¿Estás listo para aprender cómo vender?"

Comienza mi educación en ventas

Después de esa conversación, seguí el consejo de mi padre rico y en poco tiempo me encontraba solicitando trabajo en IBM y en Xerox, no sólo por su plan de compensación, sino por su entrenamiento en ventas. Muchas empresas de mercadeo en red también proporcionan excelentes programas de entrenamiento para su gente. Para mí, aprender a vender, a superar mi miedo al rechazo y a explicarme es la mejor educación que he recibido en mi vida. Aprender a vender cambió mi vida. Aprender a vender cambió mi futuro.

Deje salir al ganador que hay en usted

Hay mucho más en el entrenamiento de ventas que aprender a vender. Yo era muy tímido cuando comencé en Xerox. Mis miedos todavía me impedían tocar puertas o tomar el teléfono, aun cuando tuve muy buen entrenamiento en la empresa. Todavía tengo los mismos miedos. La diferencia es que a la larga obtuve la confianza en mí para superarlos y hacer esa llamada telefónica o tocar esa puerta. Si no hubiera aprendido cómo superar mis miedos, habría ganado el perdedor que hay en mí. Mi padre rico decía con frecuencia: "Existe una *persona rica* y una *persona pobre* dentro de cada uno de nosotros. También hay un *ganador* y un *perdedor*. Cada vez que dejamos que ganen nuestros miedos, dudas o baja autoestima, gana el perdedor. Aprender a vender es superar al perdedor que hay en ti y sacar al ganador."

Una de las cosas bellas del mercadeo en red es que le da la oportunidad de enfrentar sus miedos, lidiar con ellos, superarlos y dejar que la victoria sea del ganador que hay en usted. También los líderes de la organización tienen la paciencia de trabajar con usted mientras aprende. En el mundo real de los negocios, si no puede vender en un periodo de tres a seis meses te despiden. Xerox era un poco más generosa. Me dieron un año para aprender y otro de prueba. Sé que me habrían despedido si no hubiera tenido esos dos años. Finalmente, justo antes de que me despidieran, comenzó a aumentar la confianza en mí, mis ventas mejoraron y dos años después ya era constantemente el número uno o dos en mi oficina. Mucho más importante que mi cheque de paga fue aumentar mi autoestima. Recuperar la confianza en mí y mi autoestima ha sido invaluable… y me ha ayudado a ganar millones de dólares. Por eso siempre estaré agradecido con Xerox y con el equipo que me enseñó cómo vender, pero sobre todo, cómo superar mis demonios, dudas y miedos. Hoy en día, realmente recomiendo el negocio de mercadeo en red porque la industria ofrece la misma oportunidad para fortalecer y reconstruir la confianza en uno mismo que Xerox me ofreció.

El entrenamiento en ventas me ayudó a conocer a la mujer de mis sueños

Como comentario aparte, dudo que hubiera conocido y me hubiera casado con la mujer de mis sueños sin mis habilidades en ventas y, sobre todo, sin la confianza en mí mismo. Cuando conocí a mi esposa Kim, pensé que era la mujer más bella del mundo. Hoy la encuentro mucho más hermosa porque es bella en el exterior pero más aún en el interior.

La primera vez que la vi me quedé sin palabras. Tenía miedo de acercarme. Sin embargo, el entrenamiento de cómo superar mis miedos iba a dar frutos. En lugar de esconderme en el fondo de la habitación con la cara clavada en la mesa de botanas o viéndola desde lejos y sin hablarle, cosa que solía hacer cada vez que me sentía atraído por una mujer, caminé audazmente y dije "hola". Mi entrenamiento en ventas estaba dando frutos.

Kim volteó con su hermosa sonrisa y yo estaba enamorado. Era amigable, encantadora y podíamos hablar de lo que fuera. No obstante, cuando la invité a salir ella dijo "no". Al ser un buen vendedor, la invité otra vez y de nuevo dijo "no". Incluso cuando mi confianza en mí mismo estaba un poco golpeada y se desvanecía mi ego masculino, volví a invitarla. Otra vez la respuesta fue "no". Esto continuó. Durante seis meses dijo "no". Si no hubiera aprendido a superar las dudas que tenía acerca de mí, nunca habría continuado invitándola. Me dolía mucho en el interior. Cada vez que ella decía "no" me escondía para sanar mi ego lastimado. Después de seis meses, mi frágil ego masculino ya estaba ponchado, pero continué invitándola. Finalmente un día dijo "sí" y hemos estado juntos desde entonces.

Cuando éramos novios, muchos amigos me decían: "No puedo creer que salga contigo. Es una belleza y tú un don nadie. Parecen la bella y la bestia." Podía escuchar en silencio a mi padre rico diciendo: "Vender es la habilidad más importante en un negocio y en la vida."

Usted puede ver una foto de Kim y yo en la contraportada del libro *Retírate joven y rico*. Es una foto en una isla en Fiji, montando a caballo, sonriendo de oreja a oreja, porque ese día celebrábamos la obtención de nuestra libertad financiera. Estoy seguro de que no hubiera podido tener éxito en la vida sin Kim. Es la mujer de mis sueños y me ha dado todo. En 2003 celebramos diecisiete años de matrimonio.

Un comentario acerca del rechazo

El otro día escuché un comercial en la radio que decía: "Es un gran negocio. No tiene que vender nada." Pensé: "¿Qué tipo de persona se sentiría atraída hacia un trabajo, mucho menos hacia un negocio, que no requiera vender?" Me di cuenta de que la mayoría de las personas se sienten atraídas hacia un trabajo sin ventas… incluso cuando todos vendemos algo. Mientras más pensaba en ello, comprendí que esa mayoría no está en contra de las ventas, sino del rechazo. Sé que a mí me pasa. Odio que me rechacen. Ya que a la mayoría les disgusta el rechazo, pensé en añadir un punto de vista diferente de la palabra *rechazo*.

Hace más de veinte años, cuando luchaba como representante de ventas para Xerox, fui con mi padre rico y le dije que odiaba el rechazo: "Más que odiar el rechazo, vivo temiéndolo. Me encuentro haciendo todo lo posible para evitar cualquier situación en la que me puedan rechazar. Hay veces en las que pienso que preferiría morir antes de ser rechazado. Cada vez que tocaba a una puerta y una secretaria me decía: 'Ya tenemos una copiadora', 'No estamos interesados en una nueva copiadora, especialmente de Xerox', 'El jefe no habla con vendedores', 'Nos gusta su propuesta, pero preferimos IBM', quería arrastrarme a un hoyo y morir. Mientras más pensaba en el rechazo, más quería renunciar a las ventas y escapar. Mientras más escapaba, más me decía mi jefe en Xerox que me iba a despedir."

Rechazo = éxito

El miedo al rechazo, mi baja autoestima y mi falta de confianza me estaban arruinando la vida. Parecía extrovertido y seguro en el exterior. Por fuera daba la impresión de ser como John Wayne, el marine de Estados Unidos, pero en realidad, por dentro era Pee Wee Herman. Fue justo en ese punto bajo de mi vida, poco tiempo antes de que me despidieran, cuando mi padre rico me transmitió algunas de sus mejores palabras de sabiduría. El día en que mi gerente de ventas en Xerox me puso en periodo de prueba, mi padre rico me dijo: "Las personas más exitosas del mundo son las más rechazadas del mundo."

"¿Qué?", pregunté. No estaba seguro de haber escuchado lo correcto. "¿Las personas más exitosas del mundo son las más rechazadas?"

"Ya me escuchaste", dijo. "Y por otro lado, las personas menos rechazadas son las menos exitosas."

"Entonces, si quiero tener éxito en la vida, necesito que me rechacen cada vez más", le dije.

"Ya entendiste", sonrió.

"No entiendo. Por favor explícame", le pedí.

"Mira al presidente de Estados Unidos. De los votantes, 49 por ciento, millones de ellos, votaron en su contra.

Lo rechazaron. ¿Alguna vez te han rechazado millones de personas?"

"No", comenté.

"Bueno, pues cuando pase, serás famoso y exitoso."

"Pero también lo aceptaron millones de personas", añadí.

"Correcto", dijo mi padre rico. "¿Pero pudo haberse convertido en presidente de Estados Unidos si hubiera tenido miedo al rechazo?"

"Supongo que no. Sé que muchas personas no sólo lo rechazan. Muchas lo odian. Debe tener guardias a su alrededor porque la gente quiere matarlo. Yo creo que no podría soportar ese tipo de presión."

"Y ésa puede ser la razón que te impida lograr el tipo de éxito que quieres, o del que eres capaz. La cuestión es que a nadie le gusta que lo rechacen. Aun así, la lección del día es que las personas que huyen del rechazo son las menos exitosas del planeta. Eso no significa que no sean personas agradables, sólo que no son tan exitosas como las que son muy rechazadas... las que no huyen del rechazo."

"¿Si quiero tener éxito en la vida debo arriesgarme a que me rechacen cada vez más?", le pregunté.

"Exacto", dijo mi padre rico. "Mira al Papa. Es un gran hombre, gran líder religioso y es muy rechazado. A millones de personas no les gusta lo que dice o representa."

"Eso significa que en lugar de actuar como un pelele y dejar que mi gerente de ventas me despida, debería salir a que me rechacen."

"Pues si no lo haces, definitivamente te despedirán", dijo sonriendo mi padre rico. "Mira, no seas tonto, no salgas al mundo para estamparte de golpe contra las paredes toda tu vida. Necesitas arriesgarte al rechazo, pero también aprender de él y eso significa corrección."

"Rechazo y corrección", comenté.

Asintiendo, mi padre rico escribió la fórmula que aprendió tiempo atrás en sus años de entrenamiento en ventas en Honolulu, el entrenamiento por el que pagó 200 dólares.

Rechazo y corrección = educación y aceleración

"He seguido esta fórmula durante años. Cada vez que me rechazan, me pregunto: '¿Qué hice mal?, ¿qué pude hacer mejor?' Si no se me ocurre una buena respuesta, entonces hablo con alguien sobre la llamada de ventas, repaso lo que ocurrió, tal vez actuando, repitiendo la situación, donde un amigo es el comprador y yo el vendedor. La cuestión es que a la persona que me rechazó no la llamo 'idiota', 'vago', 'pobretón', o 'perdedor'. Dejo de lado esas tonterías y mentalmente le agradezco por darme una oportunidad para aprender, corregirme y mejorar. La siguiente vez me pregunto cómo puedo manejar la situación mejor, de forma diferente."

"Y eso te dirige a tu *educación* y *tu aceleración* en la vida", añadí.

"En mi opinión es la fórmula para el éxito en cualquier cosa", dijo mi padre rico.

"¿Entonces, si evito el rechazo, nunca comienza el proceso? El rechazo es el comienzo de la educación."

Mi padre rico sonrió asintiendo: "Ya lo entendiste. Por eso las personas que evitan el rechazo, a la larga son menos exitosas en la vida que las que lo enfrentan. La mayoría no tiene éxito porque no las han rechazado lo suficiente."

"Mientras más me arriesgo a que me *rechacen*, aumenta mi oportunidad para que me *acepten*."

"Ya entendí", le dije con una sonrisa. Algunos días después, me ofrecí como voluntario para trabajar en un acto de beneficencia con un equipo que hacía llamadas telefónicas para reunir dinero. No lo hacía por dinero, sino para ayudar a una buena causa y para que me rechazaran más. Me di cuenta de que al trabajar en Xerox eran muy pocos mis rechazos por día. Al llamar para pedir dinero durante la noche podía aumentar su número. Sabía que mientras más me rechazaran, más iba a corregir. Mientras más corregía, recibía más educación. Trabajaba en las oficinas de esa beneficencia tres noches a la semana, después del trabajo en Xerox. Durante un año, llamé para conseguir dinero sin cobrar nada. Pasé casi de ser despedido en Xerox a ser su vendedor número uno durante los siguientes dos años. Renuncié cuando obtuve el éxito en ventas y me dediqué tiempo completo a mi negocio de carteras para surfistas, al que hasta entonces había dedicado medio tiempo. Comenzaba mi viaje hacia el cuadrante D. La lección que aprendí fue que mientras más me arriesgo a que me *rechacen*, más aumenta mi oportunidad de que me *acepten*.

Noventa y ocho por ciento de rechazo

Antes de terminar con el tema del rechazo, creo que lo mejor es ofrecerle algunas realidades sobre el tema. Cuando estuve temporalmente en la escuela de negocios, uno de los profesores dijo: "Para tener éxito en el negocio, necesitas tener la razón al menos 51 por ciento del tiempo." En mi opinión es información errónea. Una persona puede tener mucho éxito con un porcentaje más bajo.

En el negocio del correo directo, por ejemplo, si una empresa manda un millón de cartas y obtiene respuesta de

2 por ciento de clientes, a menudo se considera un gran éxito. Lo que realmente significa es que 98 por ciento de las personas dijeron "no", rechazó el correo y eso todavía puede representar éxito. De hecho, para la mayoría de las campañas dirigidas hacia los mercados masivos, un rechazo de 98 por ciento se consideraría algo muy bueno.

Y es la lección para usted: si quiere tener más éxito en la vida, sólo busque más rechazo y después la corrección. La ventaja de un negocio de mercadeo en red es que los líderes lo motivan a salir y buscar un poco de rechazo. Qué oportunidad. Si busca tener mucho éxito en la vida, únase a una empresa de mercadeo en red y aprenda a superar sus miedos al rechazo. Si pasa cinco años haciéndolo, le apuesto que el resto de tu vida será infinitamente más exitosa. Al menos así ha sido para mí. De hecho continúo buscando más y más oportunidades de rechazo. Así fue como aprendí a hablar en público y entré a las ventas por televisión. Actualmente me rechazan millones de personas de todo el mundo. Por eso cada vez me hago más y más rico.

Enseñar *versus* vender

El mercadeo en red ofrece muchos más retos de los que me ofreció Xerox, porque ahí lo único que tenía que hacer era aprender a vender. En el mercadeo en red no sólo aprende a vender, sino a enseñar a otros cómo vender. Si sabe vender, pero no enseñar cómo hacerlo, no tendrá éxito en el mercadeo en red. Así pues, lo maravilloso de este negocio es que si va a tener éxito debe ser un gran profesor. Le irá muy bien si le encanta enseñar.

En lo personal, enseñar me resulta mucho más gratificante que vender. Para mí, la virtud de un negocio de mercadeo en red es que lo entrena para ser profesor, no sólo vendedor. Si le encanta aprender y enseñar, un negocio en red es un gran negocio para usted. Por eso titulé este libro: *La escuela de negocios. Para personas que gustan de ayudar a los demás.*

Los gerentes de ventas no venden, enseñan

Mientras realizaba mi investigación sobre diferentes negocios de mercadeo en red encontré a muchas personas exitosas que trabajaban muy duro y sabían vender pero no tenían éxito en sus negocios. La razón es que vendían en nombre de quienes no sabían hacerlo. Por ejemplo, fui a una reunión a la que el dueño de un nuevo negocio había invitado a varios de sus amigos y familiares para que aprendieran acerca de la oportunidad del negocio. Durante la sesión, me di cuenta de que el *patrocinador de línea ascendente* del dueño fue quien hizo la presentación por completo. El dueño no dijo nada.

Después de la reunión, pregunté al dueño si su líder de línea ascendente le enseñó los aspectos prácticos de las ventas. Él dijo: "No. Mi patrocinador ascendente sólo quiere que traigamos personas a la junta. Él es el único que hace las ventas porque es el mejor vendedor."

Fue entonces cuando descubrí un error en el sistema educativo de esa empresa de mercadeo en red. Para empezar, su entrenamiento era un chiste. Tenía una lista de lecturas recomendadas pero nadie leía nunca ninguno de los libros. En segundo lugar, sólo quería que quienes comenzaban negocios llevaran a sus amigos y familiares para que los mejores vendedores les pudieran vender. No era una escuela de negocios. Era una escuela de ventas.

Cuando estaba en Xerox, mi gerente de ventas, Charlie Robinson, fue de los mejores profesores en toda mi vida. Si yo tenía una cita, Charlie iba conmigo. Decía muy poco durante la cita, después regresábamos a su oficina y analizábamos la presentación. Entonces discutíamos mis virtudes y debilidades. Después de las lecciones y las correcciones, Charlie revisaba algunos procedimientos de entrenamiento de ventas y ejercicios para fortalecer mis habilidades, en particular, la de superar el rechazo. Así fue como me convertí en vendedor, porque tuve un gran profesor. Aunque era un gran maestro, tuvo que convertirse en profesor cuando fue gerente de ventas... un profesor maravilloso. Por eso se sentaba en silencio en la mayoría de mis citas de venta. De vez en cuando intervenía para mostrarme lo que debía hacer pero la mayor parte del tiempo se sentaba en silencio dejándome cometer errores. El mensaje es: para tener éxito en el mercadeo en red hay que ser como Charlie Robinson... gran vendedor y gran profesor. Una vez que aprenda cómo hacerlo, el negocio se convierte en un sueño hecho realidad.

Vendedores perros

Blair Singer (querido amigo desde hace más de veinte años, miembro del equipo *Advisors* de Padre Rico, autor de *Vendedores perros*) y yo, hemos vendido durante años. Comenzamos en Hawaii como representantes de ventas subalternos. Se unió a Burroughs Corporation, hoy en día conocida como Unisys, casi al mismo tiempo que yo a Xerox Corporation. Cursamos el entrenamiento corporativo en ventas. Algo que notamos es que muchos dueños de negocios de mercadeo en red aprenden a vender, pero fracasan porque no logran convertirse en buenos gerentes de ventas: en el mundo empresarial de Estados Unidos, son profesores, no sólo vendedores.

En su libro *Vendedores perros*, Blair analiza diferentes tipos de vendedores en cada organización y cómo cada perro debe entrenarse de manera diferente. Blair dice: "La razón por la que el entrenamiento en ventas es tan importante en un negocio de mercadeo en red es que tienes que aprender cómo vender y cómo enseñar a otros a vender. Si no les enseñas, no tendrás éxito en un negocio de mercadeo en red."

Deudas en la tarjeta de crédito

Una de las razones por las que tantas personas tienen deudas en su tarjeta de crédito es que no saben vender. Cuando compran a crédito, en realidad están vendiendo su futuro, su trabajo a futuro. En muchas ocasiones, cuando utilizan tarjetas de crédito venden sus *mañanas* sólo para comprar algo *hoy*. La razón por la que la mayoría tiene deudas en la tarjeta de crédito es que les enseñaron a ser grandes *compradores*, no grandes *vendedores*.

En lugar de vender sus *mañanas*, le recomiendo unirse a un negocio de mercadeo en red para aprender cómo vender. Si lo hace y construye un negocio exitoso de mercadeo en red, podrá utilizar su tarjeta de crédito para comprar lo que quiera y pagar la cuenta por completo a finales de cada mes. Eso tiene mucho más sentido que vender sus *mañanas*. Tanto usted como yo sabemos que no hay muchas posibilidades de futuro cuando vende sus mañanas.

En resumen

En términos simples, la habilidad de vender es muy importante para todos. Incluso mi gata vende, y es mucho mejor vendedora que la mayoría de la gente. Si no la alimento cada mañana cuando tiene hambre, me hará saber lo que quiere y cuándo lo quiere. Los humanos no están entrenados para hacer eso. Un negocio de mercadeo en red puede restaurar su habilidad natural para obtener lo que quiere en la vida... al enseñarle cómo vender y cómo enseñar a otros a vender.

El siguiente valor

En el siguiente capítulo revisaremos de qué manera puede ayudarle un negocio de mercadeo en red a desarrollar sus habilidades de liderazgo. Mi padre rico decía: "En el cuadrante D no son optativas las habilidades de liderazgo."

Capítulo 8

Valor # 6: Liderazgo

Mi padre rico y mi padre pobre eran grandes líderes. Mi padre biológico era director de educación del estado de Hawaii. Gran orador, trabajaba con diligencia mejorando la calidad de la educación para los niños. Mi padre rico también fue un gran líder. Inspiró a sus trabajadores e inversionistas para que lo ayudaran a construir un gran imperio de negocios. Cuando regresé de Vietnam, me recordó la importancia de trabajar para desarrollar mis habilidades en ventas. Decía: "Los líderes hacen lo que la mayoría tiene miedo de hacer." Puede ser la razón por la que hay tan pocos líderes de negocios en el cuadrante D. En este capítulo hablaré sobre el liderazgo que una persona desarrolla en un negocio de mercadeo en red.

Uno de los motivos por los que mi padre rico me motivó a entrar en la Marina y después a ir a Vietnam, fue para desarrollar mis habilidades de liderazgo. Ahí descubrí que los grandes líderes no eran personas rudas que gritaban o abusaban físicamente de los demás. En medio de la batalla, me di cuenta de que por lo regular eran callados y valientes, y cuando hablaban, se dirigían a nuestras almas y espíritus. Uno de los valores más importantes de un negocio en red es que ayuda a construir en sus líderes esa habilidad de liderazgo.

Las habilidades de liderazgo no son optativas

Mi padre rico también solía decir: "Se pueden encontrar líderes en cada cuadrante. Sin embargo, no necesitas serlo para tener éxito en todos, sólo en el D, donde las habilidades de liderazgo no son optativas." Y agregaba: "El dinero no va hacia los negocios con los mejores productos o servicios. El dinero fluye hacia los mejores líderes y el mejor equipo administrativo."

Si observa el Cuadrante del flujo de dinero podrá ver que se encuentran líderes en cada uno.

Por ejemplo, mi padre pobre era un líder dinámico del E, mientras mi padre rico lo era en D e I. Desde que yo era muy joven, los dos remarcaban la importancia de desarrollar mis habilidades de liderazgo. Por eso, ambos consideraron oportuno que me uniera a los exploradores, practicara deportes y participara en la milicia. Cuando pienso cuál fue el entrenamiento que más promovió mi éxito profesional y financiero, no podría decir que fueron las materias que estudié en la escuela, sino el entrenamiento que recibí con los exploradores, en los deportes y la milicia.

Recuerdo haberme preguntado en 1974, mientras manejaba alejándome de la estación de la Marina por última vez, dejaba el mundo de la milicia y entraba al mundo de los negocios: "¿Serán lo suficientemente buenas mis habilidades de liderazgo?" Aquellos de ustedes que ya conocen lo que me pasó tras abandonar la milicia saben que el entrenamiento en cuestión de liderazgo que recibí como explorador, en los deportes y la propia milicia no era suficiente para los retos que me esperaban en el mundo del cuadrante D. Todavía me faltaba mucho por aprender.

Mis habilidades militares de liderazgo eran insuficientes porque en el mundo militar y en el de los negocios las reglas, el contexto y el ambiente son diferentes. Cuando nos preparábamos para la guerra sabíamos que la gente moriría si éramos malos líderes. En el mundo de los negocios, si usted es mal líder, lo demandan o alguien presenta una queja con su representante del sindicato. En la milicia, nos motivaban con el miedo a la muerte, el valor de nuestro equipo y la importancia de nuestra misión. En el mundo civil, por lo regular encontré los valores opuestos de motivación. En el de los negocios, era *seguridad*, no *libertad*, lo que motivaba a la gente; *dinero*, no *misión*; *individuo*, no *equipo*, *administración* y *liderazgo*. Estas diferencias de valores hicieron difícil para mí estar en el mundo de los negocios y en la actualidad continúo peleándome con ellas.

Sé que cuando un empleado va a la junta de una empresa, los gerentes hablan acerca de la misión de ésta, la importancia del compañerismo y todos esos ideales elevados. Aun así, me doy cuenta de que en la mayoría de los negocios de la actualidad lo que realmente es importante es el dinero, las prestaciones y la seguridad. Cuando comencé a estudiar diferentes empresas de mercadeo en red, encontré a muchos líderes, aunque no todos, con los mismos valores esenciales que hay en los líderes militares. Valoraban la importancia de la misión, el equipo y la libertad. La mayoría de los líderes en el mundo de las redes eran inspiradores, jóvenes y adultos. No como la mayoría de los gerentes que encontré en el mundo corporativo, quienes se creían líderes.

Los gerentes no son líderes

En mi opinión, uno de los valores más grandes de un negocio de mercadeo en red es el entrenamiento que usted recibe en materia de liderazgo... un entrenamiento que le da educación, tiempo y oportunidades para desarrollar una de sus habilidades más importantes... la habilidad de liderazgo, esencial para el éxito en el cuadrante D. Es muy diferente a las habilidades de administración que por lo regular se necesitan en los cuadrantes E y A. No me malentienda. Éstas son muy importantes... pero uno debe saber la diferencia entre las habilidades de administración y las de liderazgo... y si usted las ha desarrollado, también debe saber cuándo utilizarlas. Como solía decir mi padre rico: "Los gerentes no son necesariamente líderes y éstos no son necesariamente gerentes."

Cada vez que me encuentro con alguien del cuadrante E o A que está teniendo problemas para cambiarse al D, por lo regular son personas con muy buenas habilidades técnicas o de administración, pero con poca capacidad en liderazgo. Por ejemplo, el amigo de un amigo me buscó porque quería reunir algo de dinero para comenzar su propio restaurante. Es muy buen chef, con un entrenamiento excelente y con muchos años de experiencia en restaurantes. Tenía un concepto único y nuevo para su restaurante, un plan de negocios muy bien diseñado, excelentes proyecciones financieras, una ubicación magnífica ya escogida y una clientela dispuesta a seguirlo hacia su nuevo restaurante, lo único que le faltaba era conseguir a alguien que invirtiera los 500 mil dólares que necesitaba.

Han pasado cinco años desde que creó su plan de negocios… y es un plan muy bueno, pero todas las personas a las que les ha pedido invertir en su plan de negocios, incluyéndome, lo han rechazado. Hoy en día, él continúa trabajando en el mismo restaurante, como empleado, sigue siendo un gran chef y sigue buscando los 500 mil dólares de inversión inicial. No sé por qué los otros inversionistas no invirtieron con él, pero puedo decirle por qué yo no lo hice. A continuación explico las razones por las que no invertí:

Razón # 1: Aunque tenía experiencia, encanto y carisma, le faltaban las habilidades de liderazgo necesarias para inspirar confianza. Aunque podía comenzar un restaurante y manejarlo a la perfección, dudo que pudiera convertirlo en una cadena grande de restaurantes. Su falta de confianza decía: "Voy a tener éxito, pero siempre seré pequeño." En otras palabras, él tiene muy buenas habilidades *administrativas*, pero dudo que tuviera las habilidades de *liderazgo* necesarias para hacer funcionar su plan. No dudo que pudiera administrar diez restaurantes, pero dudo que tenga las habilidades de liderazgo necesarias para crear un negocio que haga crecer diez restaurantes. Lo que él necesita es un socio de negocios con las habilidades de liderazgo y de negocios, pero como es el caso típico de la persona que se mueve del cuadrante E hacia el A, no quiere socios. Quiere construir el negocio de sus sueños él solo.

Razón # 2: Si observa el Cuadrante del flujo de dinero, puede ver que la diferencia entre el A y el D es el tamaño. Por ejemplo, si escuchara a alguien decir: "Quiero abrir un puesto de hamburguesas en la esquina de 6th Street y Vine Street", sabría que lo más seguro es se quede atorado en el cuadrante A durante mucho tiempo. Pero si escuchara a alguien más decir: "Quiero abrir un puesto de hamburguesas en cada esquina de cada avenida importante en cada ciudad importante de todo el mundo y le voy a llamar a ese negocio McDonald's", sabría al instante que planea abrir el mismo puesto, pero planea construir un negocio en el cuadrante D. En otras palabras, es el mismo negocio, pero en cuadrantes diferentes. Mi padre rico hubiera dicho: "La diferencia en el número de esquinas es la diferencia en liderazgo."

Por eso no invertí; dudé de que pudiera recuperar mi inversión. No porque hubiera fallado el negocio. Tal vez no hubiera recuperado mi dinero porque lo más probable es que su negocio no creciera, aunque fuera exitoso. Además, si me hubiera pagado el dinero, quizá le hubiera tomado mucho tiempo hacerlo. Si pregunta a la mayoría de los inversionistas profesionales, ellos no están interesados en qué tan bueno es un restaurante, lo único que quieren saber es qué tan grande crecerá esa cadena.

Razón # 3: La tercera razón es que si deseaba un negocio pequeño, ¿entonces por qué invertir? Hubiera sido emocionante hacerlo si iba a ser grande y posiblemente podía convertir mis 500 mil dólares en decenas de millones. Como le faltaban habilidades de liderazgo para hacer grande el restaurante, era poco probable que pudiera convertir mis 500 mil dólares en millones. Es el precio que se paga por la falta de habilidades de liderazgo para llevar un negocio del cuadrante A al D. Como decía mi padre rico: "El dinero no va a los negocios con mejores productos o servicios. El dinero fluye hacia los mejores líderes y el mejor equipo administrativo."

Razón # 4: La cuarta razón era que él debía ser el miembro más inteligente de su equipo. Tenía un problema de ego. Como decía a menudo mi padre rico: "Si eres líder del equipo y también la persona más inteligente de éste, tu equipo está en problemas." Lo que quería decir mi padre rico es que en muchos negocios del cuadrante A, la cabeza es por lo regular la persona más inteligente. Por ejemplo, vas a ver al médico o al dentista por necesidades médicas y dentales, no a la persona que está en la recepción.

En un negocio del cuadrante D, las habilidades de liderazgo son importantes porque una persona D tiene que lidiar con personas mucho más inteligentes, con más experiencia y mucho más capaces de lo que él o ella es. Por ejemplo, yo veía cómo mi padre rico, hombre sin ningún tipo de educación formal, lidiaba con banqueros, abogados, contadores, asesores de inversión, etcétera, todo para realizar su trabajo. La mayoría tenían maestría y algunos doctorado. En otras palabras, para realizar su trabajo, tenía que guiar y dirigir a personas con mucha más educación en muchos campos profesionales distintos. Para reunir dinero para su negocio por lo regular debía lidiar con quienes eran mucho más adinerados que él.

Los estudiantes de "10" trabajan para los estudiantes de "7"

En muchos casos, una persona del cuadrante A lidia sólo con el cliente, personas iguales, como otros médicos o abogados y después con los subordinados. Para cambiar al D, con frecuencia es necesario dar un salto gigantesco hacia las habilidades de liderazgo, no hacia las técnicas: si usted tiene muy buenas habilidades de liderazgo podrá contratar a técnicos inteligentes para hacer crecer un negocio, abogados, contadores, directores ejecutivos, presidentes, vicepresidentes, ingenieros y gerentes. Como he dicho en libros anteriores, los estudiantes de "10" trabajan para los de "7", y los de "8" para el gobierno. Si usted es un estudiante de "7", es un buen *comunicador* y tiene muy buenas habilidades de liderazgo, entonces se puede dar el lujo de contratar a los estudiantes de "10", con muy buenas habilidades técnicas.

El liderazgo no es optativo

Un día ese mismo amigo de un amigo me llamó para preguntarme por qué no invertía con él. Más o menos le dije las cuatro razones que acabo de explicar. Lastimado y a la defensiva, me dijo: "Pero tengo la mejor preparación. Los chefs de todo el mundo sueñan con ir a la escuela de gastronomía a la que yo fui. Tengo años de experiencia no sólo en cocina sino también en administración del restaurante. ¿Cómo puedes decir que me faltan habilidades de liderazgo?"

> "Para hacer crecer un negocio, las habilidades de liderazgo son una necesidad."

Después de pasar tiempo explicándole con paciencia, diciéndole que dinero, confianza y liderazgo van de la mano, comenzó poco a poco a entender mi argumento… aunque pienso que todavía le faltaba mucho. Finalmente dijo: "Pero, ¿por qué necesito las habilidades de liderazgo si ya tengo una educación tan buena y años de experiencia?" Cuando le recomendé unirse a una empresa de mercadeo en red que le proporcionara educación en materia de negocios y desarrollo en liderazgo, se enojó y dijo: "Estoy en el negocio de restaurantes. No necesito más educación de negocios ni desarrollo ni liderazgo." Me di cuenta de que para él una educación de negocios de por vida y el desarrollo constante de liderazgo eran optativos. Para mi padre rico, dichas habilidades para hacer crecer un negocio son una necesidad, no son optativas en el cuadrante D.

El mejor entrenamiento del mundo

Como mencioné al inicio de este libro, uno de los valores más importantes que encontré en algunos negocios de mercadeo en red fue una educación que cambia la vida. También algunos de los mejores programas de negocios y desarrollo en cuestión de liderazgo del mundo. Para mí, el valor de esos programas no tiene precio para quienes quieren pasar de los cuadrantes E y A al D.

Desde que hice mi investigación y perdí mis prejuicios contra la industria, he conocido a muchos empresarios exitosos que han recibido su educación en un negocio de mercadeo en red. Hace poco conocí a un joven que ganó miles de millones de dólares con su negocio de computadoras. Me dijo: "Durante años no fui más que un joven programador de computadoras. Un día, un amigo me llevó a una junta y me enlisté en su negocio de mercadeo en red. Lo único que hice durante seis años fue ir a las juntas, leer libros y escuchar cintas. Actualmente tengo en mi clóset miles de cintas y pilas de libros de esa época. No sólo me volví a la larga muy exitoso en el negocio del mercadeo en red, sino que gracias a lo que aprendí, renuncié a mi trabajo como programador cuando el ingreso de mi negocio de mercadeo en red me proporcionaba el residual necesario y comencé mi propio negocio de computadoras. Hace tres años cotizó en la bolsa y gané más de 48 millones de dólares netos después del pago de impuestos. No hubiera podido lograrlo sin el entrenamiento que recibí de aquella empresa de mercadeo en red. Fue el mejor entrenamiento del mundo en negocios y desarrollo de liderazgo."

Los líderes hablan a su espíritu

Mientras estaba haciendo mi investigación fui a muchas juntas y grandes reuniones en las que escuché a algunos de los mejores líderes de negocios, quienes inspiraban a otros a encontrar su propia grandeza. Mientras escuchaba a esos individuos contar sus historias de cómo comenzaron sin nada y a la larga se hicieron más ricos de lo que nunca soñaron, me di cuenta de que el negocio hacía lo mismo que mi padre rico me había dicho que hiciera: convertirme en líder. Aunque parecía que hablaban mucho de dinero, realmente inspiraban a las personas para salir de sus conchas, a superar sus miedos y a perseguir sus sueños… sueños que hacen que la vida valga la pena. Para poder hacer eso, el orador debe tener capacidad de liderazgo. La razón es que muchas personas utilizan las mismas palabras acerca de *sueños, pasar más tiempo junto a la familia, tener libertad,* pero muy pocas están lo suficientemente inspiradas para confiar y seguir al orador de esas palabras demasiado utilizadas.

Cuando el espíritu muere

Utilicé este diagrama en el capítulo del valor de la educación que cambia la vida, a propósito del poder de la educación para influir en mucho más que sólo sus pensamientos: la que le afecta mental, emocional, espiritual y físicamente. A continuación se encuentra un diagrama de alguien que está utilizando la emoción para motivar a una persona a hacer algo físicamente.

Comunicar emoción con emoción

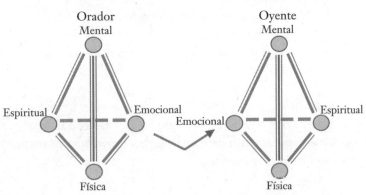

En mi opinión, la escuela utilizaba demasiados trucos mentales para asustarme emocionalmente, estudiar más duro y sacar buenas calificaciones. Conforme crecía, también me di cuenta de que muchas personas podían motivarlo a uno utilizando diferentes tretas emocionales para lograr que hiciera lo que ellos querían.

Los siguientes son ejemplos de una persona que utiliza alguna treta emocional en su comunicación:

1. "Si no sacas buenas calificaciones no conseguirás un buen trabajo."
2. "Si no llegas a tiempo al trabajo serás despedido."
3. "Si me eliges, me aseguraré de que no pierdas tus prestaciones del Seguro Social."
4. "Haz las cosas a lo seguro. No corras riesgos innecesarios."

5. "Únete a mi negocio. Puedes ganar mucho dinero."
6. "Déjame mostrarte cómo hacerte rico rápidamente."
7. "Hazlo como yo te diga."
8. "Como ya sabes, la empresa está en un momento difícil. Si no quieres que te despidan, es mejor que no pidas aumento."
9. "No te puedes dar el lujo de renunciar. ¿Quién te pagará lo mismo que yo?"
10. "Estás a sólo ocho años del retiro. No causes problemas."

En mi opinión, gran parte de la comunicación actual utiliza el miedo o la avaricia para que las personas hagan algo. Nuestros espíritus mueren cuando los motivadores principales son miedo y avaricia.

Los verdaderos líderes inspiran el espíritu

Cuando estaba en Vietnam, había mucha comunicación basada en las emociones. No obstante, algunos de nuestros líderes eran extraordinarios porque hablaban a nuestros espíritus, más allá de nuestro miedo a la muerte y directamente a nuestras almas, esa parte poderosa e invencible dentro de nosotros. Las siguientes son palabras dichas por grandes líderes, palabras que van mucho más allá de nuestras dudas y miedos y hablan a nuestro espíritu, como lo representa el diagrama:

Comunicar espíritu con espíritu

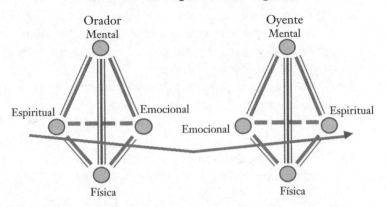

Quizá usted recuerde algunas de estas palabras que tocaron nuestras almas, muchas de las cuales son parte de la historia.

1. "Se acerca el momento en que los norteamericanos decidirán si van a ser libres o esclavos." *George Washington.*
2. "Prefiero morir que vivir sin libertad." *Patrick Henry.*
3. "Recuerden el Álamo." *Grito de batalla en Texas.*
4. "Hace cuatro veintenas y siete años..." Y también: "Hacer amistad con mis enemigos, ¿no es acaso una forma de destruirlos?" *Abraham Lincoln.*
5. "No puedes rebajar a un hombre sin quedar a su mismo nivel." *Booker T. Washington.*
6. "No preguntes lo que tu país puede hacer por ti..." *John F. Kennedy.*
7. "Tengo un sueño..." *Martin Luther King.*
8. "Ganar es un hábito. Desafortunadamente, también lo es perder." *Vince Lombardi.*
9. "Sólo nuestra fe individual en la libertad nos puede mantener libres." *Dwight Eisenhower.*

10. "Los cobardes nunca pueden ser morales." *Gandhi.*
11. "No seas humilde; no eres tan bueno." *Golda Meir.*
12. "Ser poderoso equivale a ser una dama. Si tienes que decirle a todo el mundo que lo eres, entonces es mentira." *Margaret Thatcher.*
13. "No dejes que lo que no puedes hacer interfiera con lo que sí puedes hacer." *John Wooden.*
14. "Mi mejor amigo es aquel que saca lo mejor de mí." *Henry Ford.*
15. "No intentes convertirte en hombre exitoso, mejor intenta volverte hombre valioso." *Albert Einstein.*

En resumen: tres tipos de líderes

La virtud de un programa de liderazgo de mercadeo en red es que produce líderes diferentes. Los militares desarrollaban un tipo que inspiraba a hombres y mujeres a defender su país. El mundo de negocios desarrolla un tipo que construye equipos para ganar la competencia. En el mundo del mercadeo en red, el tipo que se desarrolla es un líder que influye en los demás al ser un gran profesor, enseñando a otros cómo lograr sus sueños en la vida y cómo ir tras ellos. En lugar de ganarle al enemigo o a la competencia, la mayoría de los líderes de mercadeo en red simplemente inspiran y enseñan a encontrar el regalo financiero que este mundo ofrece sin lastimar a los demás.

En resumen, los tres tipos de liderazgo hablan al espíritu, pero cada estilo de liderazgo hace surgir líderes distintos. Si a usted le gusta dirigir al enseñar, siendo influencia e inspiración para que otros encuentren su propio mundo de abundancia financiera sin ganar la competencia, puede que un negocio de mercadeo en red sea el adecuado.

El siguiente valor

El siguiente capítulo aborda la diferencia de valor entre *dinero* y *riqueza*. Por desgracia, la mayoría de las personas han sido entrenadas para trabajar por dinero cuando deberían hacerlo para construir riqueza. Una de las razones por las que muchas no tienen éxito en un negocio de mercadeo en red es porque llegan buscando dinero, en lugar de una oportunidad para construir riqueza. Como decía mi padre rico: "Los ricos no trabajan por dinero. Los pobres y la clase media son los que lo hacen."

Capítulo 9

Valor # 7: No trabajar por dinero

En 2002, en un programa de radio, alguien llamó y me hizo la siguiente pregunta:

> "Soy ingeniero eléctrico y trabajo para una empresa grande de computadoras en Silicon Valley. Como bien sabe, la industria de la alta tecnología está devastada, en especial aquí en California. No me han despedido pero me redujeron la paga y ahora trabajo menos horas. Usted sabe lo caros que se han vuelto los bienes raíces aquí en el área de la bahía. Mi pago de la hipoteca es casi lo mismo que mi cheque de paga tras la reducción. Tengo miedo de perder mi casa si me vuelven a reducir el sueldo. Además de eso, mi plan de retiro, mi 401k, está a punto de desaparecer. ¿Qué debo hacer?"
>
> "¿Ya intentó vender su casa?", fue mi primera pregunta.
>
> "Lo he intentado", dijo el radioescucha. "El problema es que el valor de la casa ha descendido tanto que debo mucho más de lo que vale. De venderla tendría que pagar al comprador en lugar de que él me diera dinero. Entonces tendría el mismo problema de dónde vivir. Las rentas están igual de caras que los pagos de hipoteca."
>
> "¿A qué se dedica su esposa?", le pregunté.

"Trabaja en una guardería. También han tenido problemas porque muchas familias se han mudado fuera de la zona. Su trabajo es seguro pero no le pagan mucho."

"¿Por qué no busca ella un trabajo en que le paguen más?", le pregunté.

"Le gustaría, pero uno de los beneficios de trabajar en la guardería es que nuestros dos niños pueden ir gratis. Si tuviera que pagar una guardería sería mas o menos lo mismo que un salario de otra empresa."

"¿Ha considerado comenzar un negocio de medio tiempo que pueda realizar desde su hogar?", pregunté.

"Le digo que ya no tenemos más dinero. ¿Cómo puedo comenzar un negocio sin dinero?"

"¿Han considerado usted y su esposa comenzar en casa un negocio de mercadeo en red? No les piden mucho dinero para empezar y ellos los entrenarán."

"Sí, hemos considerado esos chanchullos. No pagan nada. Esperan que trabajemos como dos o tres años antes de poder ganar algo de dinero. Nosotros necesitamos el dinero hoy, no dentro de dos o tres años."

El conductor del programa de radio nos interrumpió, nos hizo saber que se terminaba el tiempo del programa y lo dio por concluido. El radioescucha y yo nunca pudimos terminar nuestro diálogo.

Menciono esta entrevista porque ilustra la diferencia entre valores esenciales. Remarco que el radioescucha obviamente estaba necesitado. Como algunos de ustedes ya saben, mi esposa y yo nos quedamos sin un quinto, incluso sin hogar durante algunas semanas… por ello sé lo que es necesitar dinero.

No obstante, Kim y yo pudimos ser libres financieramente en menos de diez años porque conocíamos la diferencia entre *dinero* y *riqueza*. Si usted quiere saber cómo lo logramos Kim y yo, la historia se encuentra en el libro *Retírate joven y rico*. Además, otro libro de la serie Padre Rico, *El cuadrante del flujo de dinero*, comienza en 1985, cuando Kim y yo no teníamos hogar, el peor año de nuestras vidas. Menciono esos dos libros para quienes duden de que yo comprenda lo que es estar arruinado y sin dinero. Los dos libros analizan cómo salimos de nuestro desorden financiero. Déjeme asegurarle que Kim y yo sabemos qué se siente no tener nada y por eso mismo preferimos ser ricos y libres financieramente. Para nosotros, no tener dinero suficiente para vivir era una forma terrible de vivir. Nos lastimaba en otros aspectos aparte del financiero: puso a prueba nuestro matrimonio, la confianza entre nosotros y nuestra autoestima.

Tres formas de vivir

Tiempo después de terminar el programa de radio, el sentimiento que me quedó después de la llamada telefónica del joven padre de familia me inquietó. Como dije en el capítulo anterior, podemos hablar entre nosotros de espíritu a espíritu o de emoción a emoción. En este caso, la onda de nuestra comunicación fue la emoción del miedo. Pude sentir su miedo y me lastimó. Supe exactamente cuál era esa sensación.

El valor que describo en este capítulo trata de los sentimientos. Kim y yo sabemos que cuando se trata de dinero hay tres sensaciones y tres formas de vivir con ellas:

1. La sensación de miedo. Cuando Kim y yo no teníamos hogar ni dinero, la sensación de miedo era paralizante... era tan intensa que entumecía nuestros cuerpos. La sentí al hablar por teléfono con el joven padre de familia. También era el mismo sentimiento que tuve cuando era niño, al crecer con mi familia. Mamá y papá eran pobres y no tuvieron dinero durante la mayor parte de su matrimonio. La sensación de no tenerlo estuvo presente la mayor parte de mi niñez.

2. La sensación de enojo y frustración. Es la segunda forma de vivir, con enojo y frustración, al tener que levantarse e ir a trabajar... en especial cuando uno preferiría hacer algo diferente. Una persona que vive con esa sensación puede tener buen trabajo y buen sueldo, pero no se puede dar el lujo de dejar de trabajar... y de ahí es de donde viene la frustración. Sabe que si se detienen se desplomará el mundo en que vive. Personas así pueden decir: "No me puedo dar el lujo de renunciar. Si lo hago, vendrán los bancos y se llevarán todo." Esas personas con frecuencia dicen: "No puedo esperar a mis próximas vacaciones", o "sólo faltan diez años para mi retiro".

3. La sensación de alegría, paz y satisfacción. La tercera forma de vivir es hacerlo con la tranquilidad mental de saber que sin importar si uno trabaja o no, hay una entrada de dinero más que suficiente. Ha sido la sensación con la que hemos vivido desde 1994, cuando Kim y yo vendimos nuestro negocio y nos retiramos. Ella tenía 37 años y yo 47. Para mí es un sentimiento, una forma de vida que vale la pena. Aunque todavía trabajamos, es maravilloso no tener que hacerlo, poder renunciar en cualquier momento y aun así tener mucho más dinero del necesario para el resto de nuestras vidas.

La diferencia entre dinero y riqueza

Lo que quería decirle a ese joven padre de familia era que sus problemas nunca terminarían si continuaba trabajando por dinero. Cuando le sugerí que comenzara un negocio de mercadeo en red de medio tiempo con su esposa, fue porque tal vez ellos estaban justo a tiempo de comenzar a adquirir riqueza, en lugar de un cheque de paga más sustancioso. Cuando me dijo: "Sí, hemos considerado esos chanchullos. No pagan nada. Esperan que trabajemos como dos o tres años antes de poder ganar algo de dinero. Nosotros necesitamos el dinero hoy, no dentro de tres años", supe que para cambiar su calidad de vida, debía cambiar sus valores. En otras palabras, no dudaba de que a la larga él y su esposa hubieran encontrado más dinero y una nueva vida. Sospecho que si no cambian sus valores esenciales, se quedarán para siempre en la vida # 2, con enojo y frustración porque escogieron trabajar por dinero y no por riqueza.

¿Qué es la riqueza?

En libros anteriores y en otros productos de Padre Rico menciono que la riqueza no se mide en dinero, sino en tiempo. Nuestra definición es:

> "Riqueza es la capacidad para sobrevivir muchos días en el futuro."

Como dije, se mide en tiempo. Por ejemplo, si todo lo que tengo a mi nombre son mil dólares en ahorros y mis gastos para vivir son de cien dólares al día, mi riqueza es de 10 días. Si mis gastos son de 50 dólares, mi riqueza es de 20 días. Es una forma muy simple de explicar esta definición de riqueza; de nuevo encontramos que se mide en *tiempo* y no en dinero. Salud y riqueza son similares porque ambas se miden en tiempo. Todos hemos escuchado historias de un médico que le dice a alguien: "Le quedan seis meses de vida." El médico hace un cálculo de su salud en tiempo. Conozco a una persona que está tan atrasada financieramente que mide su riqueza diciendo: "Es de dos meses en números rojos." En otras palabras, está viviendo con tiempo y dinero prestados.

Se ha dicho que la familia estadounidense promedio está a menos de tres quincenas del desastre financiero; si el periodo de paga es de dos semanas o catorce días, eso significa que tiene una riqueza de 44 días. Después baja su estándar de vida. Es el problema de trabajar por dinero en lugar de hacerlo por riqueza.

Antes de continuar, conviene que se plantee esta pregunta. "¿Si yo (o yo y mi cónyuge, si está casado) dejamos de trabajar hoy, cuánto tiempo podemos sobrevivir financieramente?" Su respuesta es su riqueza actual. La buena noticia es que puede aumentar en gran medida aunque todavía no gane mucho dinero.

El mercadeo en red le enseña a trabajar por la riqueza

Durante mi periodo de investigación de empresas de mercadeo en red uno de los temas más difíciles que los oradores debían explicar era la diferencia entre trabajar por dinero y por riqueza.

En una de las juntas de oportunidad a las que fui un invitado alzó la mano y preguntó: "¿Cuánto dinero voy a ganar?" Desafortunadamente, la persona que dirigía la junta no realizó un buen trabajo explicándole al grupo la diferencia entre construir un negocio y trabajar en un empleo, pero sobre todo la diferencia entre dinero y riqueza. Me temo que la mayoría de las personas quedaron confundidas con las respuestas que recibieron.

Una fue: "Su ingreso es ilimitado." El problema con esa respuesta es que la mayoría de las personas en la junta no buscaban riqueza ilimitada, sino la oportunidad de ganar de mil a 3 mil dólares adicionales al mes. En mi opinión, todavía piensan en dinero y no en riqueza. En otras palabras, existen dos tipos de dinero. El primero viene del trabajo y el segundo de los activos. Si quiere ser rico, necesita dinero de activos. Si quiere trabajar duro toda su vida, entonces trabaje por dinero; es lo que la mayoría de la gente hace.

El siguiente momento de confusión llegó cuando el orador dijo: "Está bien, si lo único que quieren son 3 mil dólares adicionales al mes, ¿pueden imaginarse tenerlos el resto de su vida, sin importar si trabajan o no?" La mayoría de los invitados reaccionaron de forma positiva ante esta idea, pero dudo que la considerara posible y, además, parecía que sólo quería los 3 mil dólares extra al mes, y tenerlos a partir del siguiente mes, en lugar de trabajar algunos años gratis, construyendo un negocio y a la larga tener la entrada de dinero para siempre. Supongo que seguían pensando como empleados o autoempleados, como personas que trabajan por dinero, en lugar de ser dueños de un negocio e inversionistas, quienes lo hacen por la riqueza de los activos.

Un tipo diferente de dinero

Los ricos se vuelven aún más ricos simplemente porque trabajan por un tipo diferente de dinero. El diagrama de un estado financiero, que aparece a continuación, puede explicar la diferencia.

Ingreso
Gasto

Activo	Pasivo

Si usted no está familiarizado con el diagrama de un estado financiero, o quieres una explicación más amplia, le sugiero que lea *Padre rico, Padre pobre*, o hable con algún amigo que lo haya leído y se lo explique. Es un diagrama muy importante y básico para muchas de las lecciones de mi padre rico. Éste decía a menudo: "Mi banquero nunca me ha pedido mi boleta de calificaciones. Me pide mi estado financiero." Mi padre rico también decía: "Cuando dejas la escuela, tu estado financiero es tu boleta de calificaciones. Mide tu coeficiente financiero." Así de importante es este diagrama para quien desee alcanzar libertad financiera u obtener grandes riquezas.

Una diferencia de enfoque

Una de las mejores maneras de explicar la diferencia entre los cuadrantes E, A, D e I es haciendo uso del estado financiero. Entre el lado izquierdo y el derecho del cuadrante hay una diferencia de enfoque. A continuación me explico:

Para decirlo de una forma sencilla, las personas de los cuadrantes E y A se enfocan aquí:

Ingreso	
Gasto	

Activo	Pasivo

Y las personas de los cuadrantes D e I se enfocan aquí:

Ingreso	
Gasto	

Activo	Pasivo

¿Todavía trabaja por el dinero?

La principal diferencia que muestra el estado financiero es que las personas de los cuadrantes E y A trabajan por dinero. Las incluidas en D e I se enfocan en construir o adquirir activos en lugar de trabajar por dinero. Por eso la riqueza de una persona D o I es mucho mayor que la de otra E o A. Si la D o I deja de trabajar, sus activos continúan trabajando, ganando dinero para esa persona.

Los tres tipos de activos

Los tres tipos principales que se encuentran en la columna de activos son:

Ingreso
Gasto

Activo	Pasivo
1. Negocios del cuadrante D 2. Bienes raíces 3. Activos en papel	

Un plan sencillo para alcanzar la libertad financiera

El plan que mi esposa Kim y yo utilizamos para retirarnos jóvenes y ricos fue construir un negocio y después invertir en bienes raíces. Como ya dije, nos tomó de 1985 a 1994, comenzando con nada y retirándonos libres financieramente sin ninguna acción en el mercado de valores ni fondos de inversión. Fue nuestro sencillo plan y lo seguimos.

Hay personas que me preguntan: "¿Por qué construyó primero un negocio?" Tengo tres respuestas para esa pregunta. La primera es que construir un negocio nos permitió producir mucho dinero. Al iniciar este libro hice una lista de las once formas diferentes en que una persona puede hacerse rica, como casarse con alguien por dinero. Para Kim y para mí la mejor forma era construir un negocio. La segunda es que las leyes fiscales de Estados Unidos favorecen mucho a quienes tienen sus ingresos en el cuadrante D y castigan a las personas que ganan su dinero en el E. Finalmente, la tercera es construir un negocio e invertir en bienes raíces, pues es el plan que sigue la mayoría de los verdaderamente ricos.

¿Cómo me puedo dar el lujo de comprar bienes raíces?

Tras la caída de la bolsa ocurrida el año 2000, muchas personas comenzaron a darse cuenta de que las acciones y los fondos de inversión son riesgosos. Comenzaron a soñar con invertir en bienes raíces. El problema era que no tenían dinero suficiente para invertir o vivir en lugares donde esos bienes son caros. Una pregunta que me hacen es: "¿Cómo puedo comprar bienes raíces si apenas gano para pagar la renta?"

Mi respuesta siempre es la misma: "Conserve su trabajo diurno y comience a construir un negocio de medio tiempo. Una vez que comience a producir dinero, el segundo paso es mantener su trabajo diurno y comenzar a invertir en bienes raíces con el ingreso extra del negocio. De esa forma, construye dos tipos de activos en lugar de pasar su vida trabajando por dinero."

Tres tipos de inteligencia

Así como hay tres tipos de educación para el éxito financiero, académica, profesional y financiera, también hay tres tipos de inteligencia necesarios para el éxito financiero en el mundo real:

1. **Inteligencia mental.** En general, el CI que miden en la escuela.
2. **Inteligencia emocional.** Se ha dicho que es 25 veces más poderosa que la mental. Ejemplos de inteligencia emocional son: mantener la calma en lugar de discutir con una persona; no casarte con alguien que sabes que no será un buen compañero de vida, y la satisfacción aplazada, en oposición a la instantánea, causa de muchos problemas financieros actuales.
3. **Inteligencia financiera.** Mi padre rico decía: "Tu inteligencia financiera se mide con tu estado financiero: cuánto dinero ganas, cuánto guardas, qué tan duro trabaja ese dinero para ti y a cuántas generaciones puedes pasar ese dinero."

¿Por qué las personas inteligentes no logran volverse ricas?

Mucha gente inteligente, como mi padre pobre, no logran volverse ricas aun cuando tienen un CI alto y salieron bien en la escuela, porque les hace falta *inteligencia emocional* para el éxito financiero y la acumulación de riquezas. Las cuatro señales de bajo coeficiente financiero son:

1. **Se enriquecen muy lento porque juegan el juego del dinero con demasiada cautela.** A menudo lo hacen porque están en un trabajo del cuadrante E, pagan un porcentaje más alto de impuestos por ingreso, no logran invertir de manera inteligente, mantienen su dinero en el banco, ganan muy poco en intereses y lo poco que ganan se les grava con la tasa de impuestos más alta.

2. **Tratan de hacerse ricos muy rápido.** A estas personas les hace falta la inteligencia emocional conocida como paciencia. Con frecuencia cambian de trabajo y pasan de una idea a la siguiente. Comienzan algo, se aburren y renuncian.

3. **Gasta con impulsos.** El ejercicio favorito de estas personas es ir de compras hasta el hartazgo. Si tienen dinero lo gastan en caprichos. Estas personas dicen: "Parece que el dinero se me escapa de las manos."

4. **No pueden soportar ser dueños de algo con valor.** En otras palabras, estas personas sólo poseen o trabajan en cosas que la hacen pobre. Por ejemplo, he conocido personas que invierten en bienes raíces. Cuando son dueños de algo lo venden, con las ganancias pagan las tarjetas de crédito y préstamos estudian-

tiles, compran un nuevo bote o se van de vacaciones. En otras palabras, dependen de las cosas que tienen poco valor y venden lo que tiene valor real.

Muchas de estas personas, en lugar de construir un negocio, se sienten mejor trabajando duro para alguien más en algo de lo que nunca serán dueños. La sensación de miedo es tan fuerte que prefieren trabajar por la seguridad en lugar de hacerlo por la libertad.

La inteligencia emocional es básica para la inteligencia financiera

Este capítulo comenzó con mi entrevista en la radio. Comencé así porque el joven estaba fuera de control en lo emocional. Era muy inteligente, pero sus emociones lo hacían pensar de modo irracional. Si usted está fuera de control en lo emocional, se reducen sus probabilidades de superar retos financieros.

Dicho de forma más sencilla: en el mundo real, la inteligencia emocional es mucho más importante que la mental, si quiere hacerse rico. Tener un *alto coeficiente emocional* es básico para tener un *alto coeficiente financiero*. El inversionista más rico de Estados Unidos, Warren Buffet, dice: "Una persona que no puede controlar sus emociones no controla su dinero."

De joven fui un retrasado emocional... todo era "vive el día al máximo". Por ello alcancé la libertad financiera hasta los 47 años, aun cuando sabía qué hacer. Cada vez que intentaba hacerme rico rápido o renunciar porque estaba frustrado, mi padre rico me decía: "Regresa cuando hayas madurado. Después seguiré enseñándote cómo ser rico."

Mejore su ci emocional

En mi experiencia personal, cuanto más aumenta mi ci emocional, mejor se vuelve mi vida. Por haber pertenecido a la Marina, no sólo soy impulsivo, también he desarrollado un temperamento explosivo y violento. Cuando regresé de Vietnam, mi padre rico me dijo: "Tu fuerte temperamento y tu capacidad de reacción rápida tal vez te mantuvieron vivo en Vietnam, pero esas mismas emociones te matarán en el mundo de los negocios." Me sugirió enfáticamente que intentara mejorar mi coeficiente emocional si quería mejorar mi coeficiente financiero. Cuando mejoró mi control sobre mis emociones, mejoraron mi matrimonio y mis habilidades para los negocios y para invertir. Incluso mi salud, sólo con mantenerme tranquilo… aunque de vez en cuando mis emociones se apoderan de mí por completo. El primer paso para aumentar mi inteligencia emocional es admitir que necesito mejorarla.

Si usted es como yo, una persona a la que siempre le hará bien un poco de madurez emocional, quizá un negocio de mercadeo en red sea su mejor terreno de entrenamiento. Para mí, una de las mayores virtudes de un negocio de mercadeo en red es que desarrolla el coeficiente emocional cada vez que lidia con personas que renuncian o mienten, superando así los propios miedos, decepciones, frustraciones e impaciencia, lo que nos convierte en mejores personas. En pocas palabras, un negocio de mercadeo en red es excelente para conocerse mejor.

Formúlese la siguiente pregunta: ¿De qué manera interfieren mis emociones con mi vida? Mis emociones hacen que yo…

1. Sea tímido.
2. Tema el rechazo.
3. Necesite seguridad.

4. Sea impaciente.
5. Sea explosivo.
6. Tenga alguna adicción.
7. Sea impulsivo.
8. Tenga mal humor.
9. Sea lento para cambiar.
10. Sea perezoso.
11. _____ (agregue lo que guste).

Una vez más, uno de los valores más importantes de un negocio de mercadeo en red es que pondrá a prueba su inteligencia emocional y en muchos casos la mejorará. Cuando mejore su coeficiente emocional, es probable que se dé cuenta de que otras partes de su vida también mejoran. Se le hará más fácil hablar, comunicarse con más claridad, manejar con más eficacia sus emociones y, cuando pueda hacerlo, su negocio crecerá más rápido. Al ser más paciente, tiene una mayor probabilidad de ser un buen inversionista. Al desarrollar su inteligencia emocional, puede mejorar su matrimonio, si está casado o se quieres casar, y todos sabemos lo emotivo que puede ser el tema del matrimonio. Puede que también se convierta en mejor padre y por lo tanto eduque mejor a sus hijos. Por eso mismo, diría que dedicar unos cuantos años a construir un negocio de mercadeo en red puede dar frutos en muchas otras áreas de su vida. ¿Por qué? Porque la vida es un tema muy emotivo.

Un mejor matrimonio

El plan para volvernos libres financieramente fue fantástico para el matrimonio entre Kim y yo. Comenzamos sin nada y teníamos un proyecto en el que ambos podíamos trabajar juntos. Podría decir que lidiar con los altibajos de construir un negocio creó muchos retos para nuestro matrimonio, y al final lo hizo más fuerte. Afrontamos los riesgos y las pérdidas juntos, así como también celebramos nuestras victorias juntos.

Como dije anteriormente, nuestro plan era sencillo. En 1985, Kim y yo comenzamos a construir nuestro negocio sin nada. En 1991, invertimos en nuestra primera propiedad de bienes raíces poco después de que el negocio generó ganancias. En 1994 vendimos nuestro negocio, compramos más bienes raíces y nos retiramos financieramente libres para el resto de nuestras vidas. Fue un plan sencillo que hizo que nuestras vidas fueran más simples y felices. Como la mayoría sabemos, el dinero es uno de los principales temas de discusión en un matrimonio. Hoy en día, tenemos un mejor matrimonio no tanto gracias al dinero, sino porque construimos un negocio juntos. En lugar de separarnos, nos acercamos aún más a medida que fuimos madurando emocionalmente. Escucho a muchas personas que dicen: "Nunca podría trabajar con mi esposo. No soportaría estar tanto tiempo con él." Honestamente puedo decir que no sería igual de exitoso si no tuviera a Kim, y que no tendríamos un matrimonio tan bueno si trabajáramos en empleos distintos para empresas diferentes. Si tuviéramos trabajos diferentes, poco a poco nos habríamos separado. Construir negocios e invertir juntos fortaleció nuestra relación porque teníamos tiempo para resolver nuestros problemas, cada vez nos sentíamos más cerca el uno del otro, pudimos conocernos mejor, empezamos a respetarnos mucho más, juntos maduramos emocionalmente y al final, nos quedamos más felices el uno con el otro… y eso para mí no tiene precio. Aunque todavía tenemos nuestros problemas, sabemos que nuestro amor mutuo es mayor que esos problemas. Un matrimonio feliz se apoya más en la inteligencia emocional que en una pareja con buenas calificaciones y buenos trabajos que gana mucho dinero.

¿Por qué muchos vendedores de red exitosos fracasan?

En el transcurso de los años he conocido a muchos vendedores de red exitosos que han construido fortunas inmensas. También he conocido vendedores de red que han construido un negocio grande y después lo han perdido todo. ¿Por qué? De nuevo la respuesta se encuentra en la inteligencia emocional.

Un ejemplo de lo último es una persona llamada Ray. Vive al sur de California, comenzó a trabajar después de la universidad para una cadena de alimentos naturistas de la cual al poco tiempo lo nombraron gerente. Ray se interesaba mucho en la salud y tenía un título de bioquímica. Un día, un cliente entró en la tienda y le mostró una nueva línea de productos para la salud. Ray probó los productos y resultaron maravillosos. De inmediato fue con su jefe y le preguntó si la tienda podía venderlos. El jefe dijo que no. Ray, impulsivo e impaciente, renunció a su trabajo y entró por completo a esa oportunidad de mercadeo en red.

Durante tres años, Ray estudió y aprendió el negocio. Tuvo que luchar financieramente durante algunos años y de repente hubo luz al final del camino: había pasado del cuadrante E a la mentalidad del D. Su negocio tuvo éxito y ganaba más dinero en una semana del que recibía durante todo un año en la tienda de alimentos naturistas.

Al poco tiempo, Ray les hablaba desde el escenario a todas las nuevas personas que entraban al negocio. Era la nueva estrella. El problema fue que el escenario y el estrellato se le subieron a la cabeza. Se volvió arrogante y egoísta, una señal de baja inteligencia emocional. Comenzó a discutir con quienes le habían enseñado el negocio, pensando que era más inteligente que ellos sólo porque tenía mejores autos y casas, más liquidez. Literalmente, el dinero se le subió a la cabeza.

En aquella época estaba desarrollándose un nuevo negocio de mercadeo en red. Tenía una línea excelente de productos para la salud y buscaba estrellas como Ray para que se unieran. A los dueños no les tomó mucho tiempo convencer a Ray de que dejara la empresa con más antigüedad y mejor establecida en la que había comenzado. Dio el salto porque quería entrar desde el principio, llegar antes y construir más rápido un negocio más grande. También se llevó a muchos miembros de su equipo con él.

A los tres años, Ray estaba arruinado. ¿Por qué? Puedo encontrar dos razones. La primera es que los dueños de la nueva empresa eran iguales que Ray: impacientes e impulsivos, querían hacerse ricos rápido. La segunda razón es que, al igual que Ray, los dueños eran malos administradores que vivían a todo tren, presumían el efectivo y hablaban de más. En lugar de reinvertir en su negocio e invertir en bienes raíces, compraron los símbolos de la riqueza en lugar de adquirirla. ¿Recuerda que mencioné que la gente pobre por lo regular se siente incómoda con las cosas que tienen un valor real? Creo que Ray y los fundadores del nuevo negocio entraban en esa categoría. Por ello Ray y el dueño de la nueva compañía no lograron adquirir la verdadera riqueza. En su lugar, compraron autos rápidos, mujeres rápidas e igualmente fueron con mucha velocidad directo hacia la bancarrota. Dios los hace y ellos se juntan.

Actualmente, Ray todavía brinca de un nuevo negocio de mercadeo en red hacia otro. Cada vez que lo veo, tiene una oportunidad nueva y una nueva línea de productos que promover. Aprendió a construir un negocio de mercadeo en red pero no logró ser exitoso. Fracasó porque sus emociones pensaron por él.

No sea una rana

Ahora bien, no estoy diciendo que esté mal cambiar de empresa de mercadeo en red. Sé que llega a suceder. Lo que intento decir es que muchas personas son como Ray, van de empresa en empresa buscando el negocio perfecto, la línea de productos perfecta y el dinero fácil. Muchos lo hacen porque no logran desarrollar su inteligencia emocional, la cual, en mi opinión, es una de las razones principales para entrar en el negocio. En otras palabras, está bien dejar un negocio, pero hay que hacerlo por razones correctas y no por razones emocionales. Saltar de lirio en lirio tal vez sea bueno para las ranas, pero no para los dueños de negocios. Como decía un amigo: "El problema de ser una rana no es sólo que pasas todo el día persiguiendo bichos, sino que debes comerte los que atrapas". En resumen: una vez que haya encontrado el negocio de mercadeo en red ideal para usted, dese y dele tiempo para crecer juntos. No sea una rana que persigue bichos.

Por qué vendedores de red exitosos se vuelven más exitosos

También fue muy agradable conocer a dueños muy exitosos de negocios de mercadeo en red… algunos mucho más exitosos que mi padre rico y yo. Para mí, lo agradable fue encontrar que la fórmula para el éxito en el negocio de mercadeo en red es la misma que mi padre rico me enseñó. A continuación la explico:

1. **Construya un negocio.** Sacar un negocio a flote toma por lo regular cinco años. Sé que puede ser menos o más tiempo. No obstante, un negocio es como un niño, le toma tiempo crecer.
2. **Vuelva a invertir en el negocio.** Es importante porque es el paso que a Ray y a muchos otros no les gusta dar. Gastan su dinero tan rápido como lo reciben en lugar de reinvertir. Al poco tiempo compran a crédito buenos autos, casas grandes, ropa cara y se van de vacaciones. En lugar de apoyar el crecimiento de su hijo, le roban el dinero de su almuerzo y el niño comienza a morir de hambre.

    Desafortunadamente, las historias acerca de personas como Ray son comunes en todos los negocios. Una de las razones por las que tan pocas personas de Estados Unidos son ricas, aun si ganan mucho dinero, es simple y sencillamente que gastan el dinero del almuerzo de sus hijos en juguetes y cosas que hacen sentir bien su ego.

Cómo reinvierten los negocios

Como un negocio tradicional, richdad.com ha reinvertido millones de dólares en mejorar su sitio en la red, en construir el juego en red *CASHFLOW 101*, y en desarrollar *CASHFLOW para niños*, juego y programa educativo que se envía gratis a las escuelas. Son ejemplos de un negocio tradicional que reinvierte. Otro ejemplo puede ser construir una bodega, añadir camiones a la flota o gastar dinero en publicidad a nivel nacional.

En un negocio de mercadeo en red, reinvertir significa expandir su negocio de 10 a 20 personas. También invertir algo de tiempo en ayudar a esas personas a avanzar. La virtud de la mayoría de los negocios de mercadeo en red es que no se necesitan cantidades estratosféricas de dinero para reinvertir.

Un comentario final: un verdadero dueño nunca deja de invertir y reinvertir en el negocio. La razón por la que muchas personas no logran grandes riquezas es porque no reinvierten constantemente en el negocio.

3. **Invierta en bienes raíces.** ¿Por qué bienes raíces? Hay dos razones. La primera es que las leyes fiscales (o sus ambigüedades) están escritas en favor de los dueños de negocios que invierten en bienes raíces. Mi estratega fiscal, Diane Kennedy, discute en uno de los apéndices de este libro cómo los bienes raíces y los negocios de mercadeo en red están hechos el uno para el otro. La segunda razón es que a su banquero le fascina prestarle dinero para bienes raíces. Intente pedirle a un banquero un préstamo a 30 años con 6.5 por ciento de intereses para comprar fondos de inversión o acciones. Se atacará de la risa frente a usted.

Un consejo: si sugiero primero construir un negocio es porque invertir en bienes raíces toma tiempo, educación, experiencia y dinero. Si no tiene ingreso fijo extra y las ventajas fiscales que llegan con un negocio del cuadrante D, los bienes raíces son muy riesgosos o muy lentos. La razón es que los errores pueden salir muy caros, sobre todo en la administración de propiedades. Muchas personas no logran volverse ricas con bienes raíces o se enriquecen muy despacio porque no tienen el excedente de efectivo que por lo regular manejan los dueños de negocios. En realidad, los mejores tratos de bienes raíces son muy caros. Si no tiene dinero, sólo puede acceder a los que han rechazado personas con dinero. Conozco a muchas personas que buscan inversiones en bienes raíces en los que "no tengan que pagar mucho". Aunque existen, las buscan porque "no tienen que pagar nada". Si le hace falta educación, experiencia y dinero para invertir en bienes raíces, no pagar nada puede ser la inversión más cara de su vida. Así pues, construya primero un negocio, en segundo lugar reinvierta en él y en tercero compre bienes raíces.

> "Construya primero un negocio, en segundo lugar reinvierta en él y en tercero compre bienes raíces."

4. **Compre lujos.** Durante la mayor parte de nuestro matrimonio, Kim y yo no vivimos en una casa grande ni manejamos buenos autos. Durante años vivimos en una casa pequeña cuya hipoteca nos costaba alrededor de 400 dólares al mes. Mientras vivíamos en esa casa pequeña y manejábamos autos comunes, construíamos nuestro negocio e invertíamos en bienes raíces. Hoy, vivimos en una casa mucho más grande y tenemos seis autos entre

los dos… pero también una mayor entrada de dinero generada por nuestros activos, los negocios y bienes raíces. La regla simple de mi padre rico era: "Construye un negocio, reinvierte en él para que crezca, invierte en bienes raíces y después permite que tu negocio y los bienes raíces te compren los lujos. En otras palabras, trabaja para construir o comprar activos y después deja que éstos compren tus lujos."

Hoy en día, aunque Kim y yo tenemos una casa grande y seis autos, podemos dejar de trabajar por el resto de nuestras vidas porque no tenemos empleos, tenemos activos. Trabajamos porque nos encanta lo que hacemos. Además, nos hacemos cada vez más ricos por el simple hecho de seguir la sencilla fórmula de cuatro pasos de mi padre rico para la riqueza verdadera y en constante crecimiento. Nosotros construimos negocios, reinvertimos en ellos, luego invertimos en bienes raíces y después nuestros activos compran los lujos.

¿Por qué la mayoría de la gente no se hace rica?

¿Por qué la mayoría de la gente no sigue este plan aun cuando es sencillo? La respuesta, en la mayoría de los casos, debe buscarse en la inteligencia emocional. A la mayoría de las personas les hace falta paciencia, disciplina y disposición para aplazar la satisfacción y seguir un plan de este tipo: ganan dinero y lo gastan. Por lo tanto, no se trata de coeficiente mental o coeficiente financiero. Se trata de coeficiente emocional. En efecto, el CI más fácil de los tres es el financiero, y explica por qué tantas personas que no salie-

172

ron bien en la escuela tienen tanto dinero. En mi opinión el puente hacia el coeficiente financiero es el coeficiente emocional y un negocio de mercadeo en red puede ayudar a cualquiera a desarrollar ese tipo de inteligencia.

¿Cuándo comprar activos en papel?

Muchas personas me preguntan: "¿Cuándo compra activos en papel como acciones, bonos y fondos de inversión?" Mi respuesta es la de mi padre rico. Hace algunos años me dijo: "El mejor activo es un negocio. Mi prioridad es un negocio porque es el mejor activo que puedes poseer... si tienes la inteligencia suficiente para ser dueño de uno. En segundo lugar están los bienes raíces y en tercero los activos en papel. Los activos en papel están en último lugar porque son los más fáciles de comprar pero los más riesgosos de tener. Si no crees lo que digo acerca del riesgo que representan los activos en papel, pide a tu banquero una hipoteca a 30 años para comprarlos."

En consecuencia, mi respuesta es la de mi padre rico: los activos en papel están en último lugar porque son los más fáciles de comprar pero los más riesgosos de tener. Una razón más es que hay seguros para compensar pérdidas catastróficas en negocios o en bienes raíces. Muy pocas personas saben comprar seguros para las acciones, y no conozco ningún seguro para fondos de inversión... aunque tal vez existen.

¿Por qué las personas no son felices en el trabajo?

Un amigo, experto en materia de salud mental, me dijo: "Una de las razones de la felicidad es la palabra control.

Mientras más control tengas, más feliz te volverás. Por otro lado, si estás fuera de control o lo pierdes, por lo regular te conviertes en una persona triste." El ejemplo que me dio fue el de una persona que iba con prisa al aeropuerto y de repente se queda atorada en el tránsito. Avanzando lentamente, sin oportunidad de salir del camino, ese hombre se da cuenta de que perderá su avión y su estado de ánimo alegre desaparece. Se pone triste porque no tiene control sobre el tránsito. La conclusión de esta lección fue: "El control y la felicidad van de la mano."

Regresando al radioescucha que mencioné al inicio de este capítulo, podría decir que no era feliz. Creo que estaba triste porque había perdido el control de su vida. Aunque tenía lo que consideraba un trabajo seguro, no controlaba sus finanzas. También perdió el control de sus inversiones en acciones y fondos de inversión, como le ocurre a muchas personas en el mundo actual, en especial después de la caída de la bolsa de valores, la debilitación de la economía y el ataque terrorista del 11 de septiembre. Todo eso lleva a la tristeza. Uno de los grandes valores de construir un negocio de mercadeo en red y después invertir en bienes raíces es que esas dos acciones pueden devolverle el control de su vida… y cuanto más control, más felicidad… y la felicidad es una emoción muy valiosa en la vida.

En resumen

La pregunta es: "¿Está trabajando por dinero o trabaja por riqueza?" Si está listo para trabajar por riqueza, tengo dos sugerencias. Al observar el Cuadrante del flujo de dinero, propongo lo siguiente:

Comience un negocio de mercadeo en red de medio tiempo.

Practique el juego *CASHFLOW 101* y aprenda a invertir.

En su tiempo libre, dedique a las dos cosas de tres a cinco años, y creo que su futuro financiero será mucho más brillante que si hiciera lo que la mayoría de la gente hace: aferrarse a la seguridad en el trabajo e invertir su dinero en fondos de inversión. ¿Cómo puede ser feliz alguien cuando le ha regalado el control de su vida financiera a alguien más? Además, si en algunos años es usted exitoso en los cuadrantes D e I, estará trabajando por riqueza en lugar de hacerlo por dinero.

El siguiente valor

En el siguiente capítulo analizaré el valor de hacer sus sueños realidad. Quienes han jugado *CASHFLOW 101*, quizá recuerden que el primer paso antes de iniciar es escoger su sueño. Mi padre rico siempre decía: "Comienza con tus sueños y trabaja de adelante hacia atrás." He dejado lo mejor al último porque, sabiendo que usted puede adquirir mucha riqueza en su vida, tal vez quiera tener sueños más grandes.

Capítulo 10

Valor # 8: Hacer realidad sus sueños

"Muchas personas no tienen sueños", dijo mi padre rico.
    "¿Por qué?", pregunté.
    "Porque los sueños cuestan dinero", dijo.

Reavive el sueño

Mi esposa Kim y yo fuimos a una reunión donde un importante productor, miembro de una empresa de mercadeo en red, presumía su mansión de 1 500 metros cuadrados con una cochera para ocho autos, su limusina y demás juguetes. La casa y los juguetes me impresionaron, pero más aún el hecho de que la ciudad había puesto su nombre a la calle donde vivía. Cuando le pregunté cómo había logrado que la ciudad hiciera eso, me contestó: "Fue fácil, doné dinero para construir una nueva escuela primaria y una biblioteca. Cuando lo hice, la ciudad me permitió ponerle el nombre de mi familia a la calle." En ese momento me di cuenta de que su sueño era mucho más grande que el mío. Yo nunca soñé tener una calle con mi nombre o donar dinero suficiente para construir una escuela y una biblioteca. Al dejar su casa esa noche me di cuenta de que debía aumentar el tamaño de mis sueños.
    Uno de los valores más importantes que he encontrado en las buenas empresas de mercadeo en red es que des-

tacan la importancia de hacer realidad los sueños propios. El productor a quien visitábamos no presumía sus bienes materiales sólo por presumir. Él y su esposa hablaban acerca del estilo de vida que habían alcanzado para inspirar a los asistentes a hacer realidad sus sueños. No se trataba de la mansión, los juguetes o su precio, sino de inspirar a otros a ir tras sus sueños.

No mate el sueño

En *Padre Rico, Padre Pobre*, escribí que mi padre pobre decía constantemente: "No puedo pagarlo." También que mi padre rico nos prohibió a su hijo y a mí pronunciar esas palabras. En cambio, nos pidió que dijéramos: "¿Cómo puedo pagarlo?" Por sencillos que sean esos dos enunciados, para mi padre rico la diferencia era muy importante. Él decía: "Preguntarte '¿cómo puedo pagar las cosas?' te permite tener sueños cada vez más grandes."

Mi padre rico también decía: "Ten cuidado con los que quieran matar tus sueños. No hay nada peor que un amigo o un ser querido que destruya tus sueños." Hay personas que pueden decir cosas de forma inocente o no tan inocente como:

1. "Es imposible hacer eso."
2. "Eso es muy riesgoso. ¿Sabes cuántas personas fracasan?"
3. "No seas tonto. ¿De dónde sacas semejantes ideas?"
4. "Si es tan buena idea, ¿por qué nadie lo ha hecho antes?"
5. "Yo intenté eso hace muchos años. Déjame decirte por qué no funcionó."

Me he dado cuenta de que las personas que matan los sueños de otros han renunciado a sus propios sueños.

¿Por qué son importantes los sueños?

Mi padre rico explicó la importancia de los sueños de la siguiente manera: "No es importante ser rico y pagar una mansión. Lo es luchar por alcanzar algo, aprender, hacer lo mejor para desarrollar tu poder personal para comprar la mansión. Es importante en quién te conviertes en el proceso de comprarla. Las personas que tienen sueños pequeños vivirán como gente pequeña."

> "Las personas que tienen sueños pequeños vivirán como gente pequeña."

Como decía mi padre rico, la casa no es lo importante. Mi esposa Kim y yo hemos tenido dos casas muy grandes... y acepto que lo importante no fue el tamaño de la casa ni volvernos ricos. Lo fue el tamaño del sueño. Cuando mi esposa y yo no teníamos dinero, nos fijamos la meta de comprar una casa grande cuando ganáramos más de un millón de dólares. Adquirimos la primera casa grande cuando nuestro negocio tuvo una entrada de más de un millón de dólares y la vendimos poco después, porque habíamos decidido ir tras un nuevo sueño. En otras palabras, el sueño no era la casa grande y ganar un millón de dólares: eran los símbolos de que nos habíamos convertido en personas que podían realizar sus sueños. Actualmente, somos dueños de otra casa grande y es sólo el símbolo del sueño que alcanzamos. El sueño no es la casa, es en quiénes nos convertimos durante el proceso.

Mi padre rico lo decía de esta forma: "Las grandes personas tienen grandes sueños y las personas pequeñas, sueños pequeños. Si quieres cambiar, cambia el tamaño de tu sueño." Cuando estaba arruinado y había perdido la mayor parte de mi dinero, mi padre rico me dijo: "Nunca dejes que este contratiempo financiero disminuya el tamaño de tu sueño. Es la visión de tu sueño lo que te ayudará a superar este periodo difícil de la vida." También decía: "Estar arruinado es temporal y ser pobre es eterno. Incluso si estás arruinado no te cuesta nada soñar con ser rico. Muchas personas pobres lo son porque han renunciado a soñar."

Diferentes tipos de soñadores

Cuando estaba en secundaria, mi padre rico me explicó que hay cinco tipos de soñadores:

1. **Soñadores que sueñan con el pasado.** Mi padre rico decía que hay muchas personas cuyos mejores logros en la vida están en el pasado. Al Bundy, del programa cómico de televisión *Married With Children*, es un ejemplo clásico de alguien cuyos sueños están en el pasado. Para quienes no estén familiarizados con el programa, Al Bundy es un hombre que todavía revive sus días de preparatoria, cuando era estrella de futbol americano y anotó cuatro puntos en un juego: continúa soñando con el pasado.

   Mi padre rico diría: "Para alguien que sueña con el pasado, la vida ha terminado. Necesita crear un sueño en el futuro para regresar a la vida."

   No sólo las antiguas estrellas de futbol americano viven en el pasado, también quienes se deleitan

180

con sus buenas calificaciones, por haber sido rey o reina de la graduación, por haberse graduado en una universidad de prestigio o pertenecido a la milicia: sus mejores días están en el pasado.

2. **Soñadores que sólo tienen sueños pequeños.** Mi padre rico solía decir: "Sólo tienen sueños pequeños porque quieren tener la seguridad de que los pueden alcanzar. El problema es que aunque saben que los pueden alcanzar, nunca lo hacen."

No había entendido a este tipo de soñador hasta que un día pregunté a un hombre: "Si tuviera todo el dinero del mundo, ¿a dónde viajaría?"

Su respuesta fue: "Volaría a California para visitar a mi hermana. No la he visto en catorce años y me encantaría verla. Especialmente antes de que sus hijos crezcan más. Serían mis vacaciones de ensueño."

Después le dije: "Pero eso sólo le costaría alrededor de 500 dólares. ¿Por qué no lo hace hoy?"

"Claro, lo haré, pero no hoy. Estoy muy ocupado en este momento."

Después de conocer a ese individuo, comprendí que este tipo de soñador es mucho más común de lo que pensaba. Esas personas viven su vida teniendo sueños que pueden alcanzar, pero parece que nunca logran realizarlos. A la larga, puedes escucharlos decir: "Sabes, debí hacer eso hace años, pero nunca pude comenzar a hacerlo."

Mi padre rico solía decir: "Este tipo de soñadores es el más peligroso. Viven como tortugas, guardados en sus propios cuartos acolchonados. Si golpeas en el caparazón y tratas de mirar por una de las aberturas, por lo regular atacan y muerden." La lección es: deja que las tortugas soñadoras lo sigan haciendo. La mayoría no irá a ningún lado y está bien para ellas.

3. **Soñadores que han alcanzado sus sueños y no se han impuesto uno nuevo.** Un amigo me dijo una vez: "Hace veinte años soñé convertirme en médico. Lo hice y ahora estoy aburrido con la vida. Me gusta serlo pero algo me falta."

Ejemplo de alguien que alcanzó con éxito su sueño y continúa viviendo en él. El aburrimiento por lo regular indica que es tiempo de tener un nuevo sueño. Mi padre rico diría: "Muchas personas tienen las profesiones que soñaban como alumnos de preparatoria. Pero hace años que salieron de la escuela. Es tiempo de un nuevo sueño y una nueva aventura."

4. **Soñadores que sueñan en grande pero no tienen un plan para alcanzar sus sueños... así que no alcanzan nada.** Creo que todos conocemos a personas en esta categoría. Dicen: "Acabo de tener una revelación, déjame contarte mi nuevo plan", o "esta vez las cosas serán diferentes", o "borrón y cuenta nueva", o "voy a trabajar más duro, pagar mis deudas e invertir", o "acabo de escuchar de una nueva empresa que llegó a la ciudad y está buscando a alguien con mi experiencia. Ésta podría ser mi gran oportunidad".

Mi padre rico solía decir: "Muy pocas personas alcanzan sus sueños por su propia cuenta. Por lo regular intentan muchas cosas, pero tratan de hacerlo solas. Personas así deben continuar soñando en grande, encontrar un plan y un equipo que les ayude a hacer realidad sus sueños."

5. Soñadores que sueñan en grande, alcanzan esos sueños y tienen otros más grandes. A la mayoría nos gustaría ser este tipo de persona. Sé que a mí me gustaría.

Una de las experiencias más reconfortantes que viví cuando estudiaba negocios de mercadeo en red fue comprobar que en ellos tenían sueños más grandes. El negocio motiva a soñar en grande y realizar esos grandes sueños. Muchos negocios tradicionales no quieren que las personas tengan sueños personales.

Conozco a muchas personas con amigos o trabajos que desalientan y matan los sueños. Apoyo a la industria del mercadeo en red porque está formada por personas que quieren que otras sueñen en grande y las apoyan creando un plan de negocios y proporcionando entrenamiento, disciplina y apoyo para que esos sueños se vuelvan realidad.

En resumen

Si usted es una persona con grandes sueños y le gustaría apoyar a otros para alcanzar los suyos, el negocio de mercadeo en red definitivamente es para usted. Puede comenzar su negocio de medio tiempo y después, mientras crece, ayudar a otros a comenzar sus negocios de medio tiempo. Es un beneficio que vale la pena tener: un negocio y personas que ayudan a que otras hagan realidad sus sueños.

¿Cuáles son sus grandes sueños?

Ahora es importante que dedique un momento a pensar, soñar y escribir sus sueños. El siguiente es un espacio para que busque en su interior y escriba:

_____

_____

_____

Después de anotar sus sueños, coméntelos con alguien que lo apoye para obtener todo lo que quiera. Puede ser quien le dio este libro.

Un poco de valor añadido

Esto concluye mis capítulos acerca de los ocho valores en un negocio de mercadeo en red. En los apéndices hay dos "valores escondidos" adicionales. Dos mujeres muy importantes en mi vida ofrecen estos "valores escondidos"; ellas piensan que son importantes al construir un negocio.

La primera es mi esposa Kim: escribe acerca del valor del matrimonio y los negocios.

La segunda es mi estratega fiscal Diane Kennedy. Analizará el valor escondido de las ambigüedades fiscales que, con respeto a la ley, pueden aprovecharse en un negocio de mercadeo en red de medio tiempo. Como todos sabemos, los impuestos son nuestro gasto más grande en la vida, y si podemos ahorrar algo de dinero en ellos, habrá más para nuestro negocio, nuestras inversiones, nuestra vida y para nosotros.

Valor # 9: El matrimonio y los negocios

Por Kim Kiyosaki

Robert y yo tuvimos nuestra primera cita en febrero de 1984 en Honolulu, Hawaii. Esa noche me preguntó: "¿Qué quieres hacer en la vida?" Contesté: "Quiero tener mi propio negocio." En esa época administraba una revista. Robert me dijo: "Si quieres, puedo enseñarte lo que sé y lo que mi padre rico me enseñó." En menos de un mes, ya habíamos comenzado un negocio juntos, el primero en mi vida.

Diseñamos un logotipo único, lo bordamos en camisas y sacos y viajamos alrededor de Estados Unidos vendiendo nuestros productos. El verdadero propósito era financiar nuestra educación durante un año (para asistir a seminarios, juntas y conferencias en todo el país) mientras nos preparábamos para el siguiente negocio que estábamos a punto de crear. Alcanzamos nuestra meta en un año y cerramos nuestro negocio de camisas y sacos.

En diciembre de 1984, vendimos todo lo que teníamos en Hawaii, nos mudamos al sur de California y nos preparamos para construir nuestro siguiente negocio. En tan sólo dos meses se terminaron los ahorros que teníamos. Estábamos arruinados. Tocábamos a las puertas de nuestros amigos y les pedíamos que nos dejaran pasar la noche en su casa. Dormimos en la playa, algunas noches en un Toyota prestado y destartalado. Mi familia pensaba que estábamos locos, nuestros amigos también. Incluso nosotros llegamos a pensar que lo estábamos.

Para ser sincera, no sé si lo habríamos logrado sin tenernos el uno al otro. Había noches en que sólo nos abrazábamos para procurarnos un refugio contra la tormenta. ¿Que si estaba asustada? Sí. ¿Me sentía insegura? Sí. ¿Llegué a pensar que no lo lograríamos? ¡Claro! No obstante, estábamos decididos a seguir adelante y lo hicimos.

Lo que nos permitió continuar fue la decisión de construir nuestro negocio, y algo mucho más importante: no depender de un cheque de paga. En ese momento, conseguir un trabajo hubiera sido fácil. Sin embargo, para nosotros representaba un retroceso. Sabíamos lo que queríamos, pero no estábamos seguros de cómo obtenerlo... todavía. (Parece ser un tema común en nuestras vidas.)

En resumidas cuentas, no regresamos a lo de antes. Nos mantuvimos fieles a nuestro sueño. Construimos un negocio internacional de educación que opera en siete países. Lo vendimos en 1994 y actualmente dedicamos nuestro tiempo a invertir y a atender nuestro negocio de Padre Rico.

Lo que yo realmente quería

Sin embargo, hubo algo que no dije a Robert la noche de nuestra primera cita. Otra cosa que también quería, con mi negocio, era una pareja/cónyuge que fuera mi socio de negocios. Construir un negocio es absorbente. Yo quería crecer con mi pareja y no comenzar a separarnos por no vernos nunca, tener enfoques diferentes o movernos en direcciones distintas. No deseaba que, como tantas otras parejas casadas que había visto en restaurantes, nos sentáramos en silencio sin nada de qué hablar. Robert y yo tenemos conversaciones estimulantes, frustrantes, amorosas, contenciosas... pero siempre tenemos mucho de qué hablar… y lo más gratificante es que tengo la oportunidad de compartir y experimentar con Robert el crecimiento personal y el de mi negocio todos los días.

Crecimiento personal

Cuando recuerdo ese primer año de nuestro negocio, podría decir que fue el peor de nuestras vidas. El estrés era extremo, mi autoestima estaba un poco baja y nuestra relación no siempre fue pacífica. No obstante, en retrospectiva, probablemente fue lo mejor que nos pudo pasar. Superar esos momentos difíciles nos ayudó a ser las personas que somos hoy. Como resultado, Robert y yo somos individualmente mucho más fuertes, más seguros y en definitiva más inteligentes por todo lo que hemos aprendido. Además, el amor, el respeto y la felicidad de nuestro matrimonio es mucho más de lo que soñé toda mi vida.

Trabajar juntos

En la industria del mercadeo en red veo cómo muchas parejas construyen juntas su negocio. Yo creo que hay razones diferentes por las que es el negocio perfecto para las que desean construir uno:

1. Es un negocio que ambos pueden comenzar trabajando medio tiempo.
2. Ustedes deciden las horas que se acomoden a sus horarios.
3. La industria apoya a familiares que están juntos en el negocio.

4. Muchos de los equipos más exitosos de la industria son pareja.
5. La educación que ofrecen muchas empresas de mercadeo en red les permite aprender y crecer juntos.

Las anteriores son grandes ventajas para las parejas. Pero para ser honesta, estar en un negocio junto a la pareja no necesariamente es lo más fácil del mundo. Robert y yo hemos tenido malos momentos, pero debo decir que ha sido lo más gratificante para nosotros. Hemos construido varios negocios juntos. Hace años lo comentamos y pensamos que tal vez sería mejor que cada uno tuviera su negocio en campos diferentes. Sin embargo, cuando sopesamos nuestras opiniones, era más que obvio que queríamos construir juntos nuestro negocio, y no de manera separada.

Para mí, lo importante es que Robert y yo compartimos valores y metas similares y una misión a futuro. Gracias a que siempre estamos aprendiendo juntos, también crecemos juntos. Incluso tenemos la política de que si uno de nosotros quiere asistir a un seminario educativo o conferencia, vamos juntos. Lo divertido es que siempre hablamos de nuestros negocios y procuramos mejorarlos, conocer nuevas personas y explorar nuevas ideas.

Trabajar con la pareja tal vez no sea lo mejor para todos. Lo acepto. Sin embargo, para mí no pudo haber sido de otra forma.

Mis mejores deseos,

KIM KIYOSAKI

Valor # 10: ¿Cómo utilizar las mismas exenciones fiscales que los ricos?

Por Diane Kennedy, C.P.A.

¿Le parece que los ricos tienen una ventaja injusta cuando se trata de leyes fiscales? ¡Tal vez porque sí la tienen! Las leyes de impuestos están escritas para promover dos actividades principales, tener negocios e invertir en bienes raíces. La mejor forma de aprovechar estas leyes fiscales es hacer lo que el gobierno quiere que usted haga, ser dueño de un negocio e invertir en bienes raíces. Es lo que hacen los ricos.

Comience un negocio de medio tiempo

No todo mundo puede renunciar a su trabajo para comenzar un negocio de tiempo completo. Muchas personas se han dado cuenta de que la clave para construir un ingreso que pueda guardar es con un negocio de medio tiempo como el mercadeo en red. Una vez que compruaba tener un negocio (según las pautas gubernamentales), entonces puede convertir sus gastos personales en deducciones del negocio.

En primer lugar, necesita demostrar que tiene un negocio real. La oficina de recaudación de impuestos quiere ver que su negocio sea legítimo y que no sólo busca deducir gastos personales.Quieren saber qué pretende hacer con el negocio.

Para comprobar que tiene un negocio, la oficina de recaudación de impuestos quiere ver que usted:

1. Opere de manera formal.
2. Dedique tiempo y esfuerzo a hacerlo redituable.
3. Tenga actualmente o en el futuro una seguridad respecto del ingreso.
4. Tenga pérdidas normales o más allá de su control (si sufre pérdidas).
5. Haga cambios para tener beneficios.
6. Tenga conocimiento en esta área (o al menos sus asesores).
7. Tenga experiencia en generar ganancias en este tipo de negocios, o expectativas de tenerlas por la valorización futura de los activos.

Puede tener pérdidas durante varios años, siempre y cuando demuestre que está comprometido con hacer que el negocio tenga éxito. La pérdida en impuestos del negocio que inicia se puede utilizar para compensar otro ingreso en su devolución de impuestos.

¿Cómo descubrir las deducciones escondidas de su negocio?

El verdadero beneficio de tener un negocio de medio tiempo llega cuando uno descubre deducciones escondidas de su negocio. Una regla es nunca comprar algo sólo por la deducción. Si compra algo para tener una deducción de 40 por ciento y es algo que normalmente no hubiera adquirido, entonces ha gastado 60 por ciento de su dinero. ¡No tiene sentido en cuestión de impuestos!

En lugar de eso, busque productos que se pueden considerar gastos de negocios. La IRS [oficina encargada de la recaudación de impuestos en Estados Unidos] dice en su Código de Rentas Públicas [Internal Revenue Code], en la sección 162(a), en sólo 25 palabras, lo que usted puede deducir:

> Se permitirán como deducciones todos los *gastos ordinarios y necesarios* pagados o incurridos durante el año sujetos a impuestos para mantener cualquier acuerdo o negocio.

En la investigación de todo lo que tiene que ver con la ley de impuestos, se encontraron las siguientes definiciones:

> *Gastos ordinarios:* Gastos normales, comunes y aceptados en las circunstancias por la comunidad del negocio.
> *Gastos necesarios:* Gastos apropiados y útiles.

La clave para encontrar deducciones escondidas de los negocios es encontrar todos esos gastos que están comprendidos en esas definiciones. Algunos ejemplos son:

Oficina en casa: Tendrá una deducción siempre que tenga un cuarto dedicado exclusivamente a un negocio, y actividad regular de negocios. Calcule el monto de la deducción como un porcentaje (área dedicada al negocio, en relación con los metros cuadrados totales) de los costos relacionados con el hogar.

Computadoras y software: Es una deducción el costo de su computadora y el software que utiliza en su negocio. Si "contribuyó" con su computadora personal cuando comenzó, recuerde que su negocio debe reembolsarle.

Viajes: Es una deducción el costo de viajes relacionados con su negocio. Esto puede incluir juntas con sus mentores, futuros clientes y asesores, o asistir a cursos de entrenamiento y reuniones.

Hijos: ¡Ponga a trabajar a sus hijos! En lugar de darles una mesada, puede pagarles un salario por el trabajo que realicen. Tal vez lo mejor de todo es que pueden iniciar un plan de pensión como el Roth IRA, el cual permite que sus inversiones crezcan sin impuestos. Para asegurarse de que la deducción es legítima:

1. Haga una descripción escrita de su puesto.
2. Registre las horas que trabajan.
3. Pague un salario razonable por el trabajo que realicen.

Ahora, compre bienes raíces

Cuando un negocio produce flujo de efectivo en exceso, comience a invertir en bienes raíces. ¡Ahora sí son claras todas las ventajas de las exenciones fiscales! Con estas inversiones puede crear flujo de efectivo pasivo. El flujo de efectivo llega a su cartera cada mes, pero se compensa con la depreciación, "gasto fantasma" que no está en efectivo. Eso significa que paga muy poco o nada de impuestos por el efectivo que recibe. Lo mejor de todo es que su riqueza crece con los bienes raíces y su negocio.

Todo comienza con su negocio. Esas ventajas fiscales no están disponibles para los empleados. Si quiere cambiar la cantidad de impuestos que paga, cambie su forma de ganar dinero.

¡Manos a la obra!
DIANE KENNEDY

Citas seleccionadas de
La escuela de negocios

"Si quiere ser rico, necesita ser dueño de un negocio e inversionista."

"Si no se hizo rico al construir un negocio de mercadeo en red, ¿por qué recomienda a los demás que lo intenten?" Debido a que no obtuve mi riqueza mediante negocios de mercadeo en red, puedo ser más objetivo en mis opiniones sobre esta industria. Este libro describe los que son, a mi parecer, los valores auténticos de los negocios de mercadeo en red, valores que van más allá de la posibilidad de ganar mucho dinero. Por fin encontré un negocio con un interés auténtico en las personas."

"Si tuviera que hacer todo otra vez, en lugar de construir un negocio a la antigua, comenzaría construyendo un negocio de mercadeo en red."

"Un negocio de mercadeo en red es una forma nueva y revolucionaria de alcanzar la riqueza."

"Las personas más ricas del mundo construyen redes. Todas las demás están entrenadas para buscar trabajo."

"El mercadeo en red ofrece la oportunidad a millones de personas de todo el mundo de tomar el control de su vida y de su futuro financiero."

"Un negocio de mercadeo en red se forma con personas que están ahí para ayudarlo a hacerse rico."

"Los sistemas del mercadeo en red son mucho más justos que los antiguos sistemas para obtener riquezas."

"Un sistema de mercadeo en red, que por lo regular llamo *franquicia personal* o *red de negocios grande e invisible,* es una forma muy democrática de crear riqueza. El sistema está abierto para cualquiera que tenga instinto, determinación y perseverancia."

"Muchas empresas en esta industria ofrecen a millones de personas la misma educación en negocios que mi padre rico me enseñó: construir su propia red en lugar de pasar su vida trabajando para una."

"La industria del mercadeo en red continúa creciendo más rápido que las franquicias o los grandes negocios tradicionales."

"Un negocio de mercadeo en red es para personas que quieren entrar al mundo del cuadrante D, ya sea trabajando medio tiempo o tiempo completo."

"Para decirlo de una forma más sencilla, un negocio de mercadeo en red, con su bajo costo de entrada y sus increíbles programas de entrenamiento, es una idea cuyo momento ha llegado."

"Hay muchas más cosas importantes en los negocios de mercadeo en red que sólo ganar dinero extra."

"Un negocio de mercadeo en red es el negocio perfecto para personas que gustan de ayudar a los demás."

"Recomiendo un negocio de mercadeo en red por su sistema de educación que cambia la vida."

"Muchas empresas en la industria son realmente escuelas de negocios para la gente, en lugar de escuelas que toman a los niños inteligentes y los entrenan para ser empleados de los ricos."

"Muchas empresas de mercadeo en red son realmente escuelas de negocios que enseñan valores que no se encuentran en escuelas tradicionales... como que la mejor forma de hacerse rico es enseñarlo a usted y a otras personas a convertirse en dueños de negocios en lugar de enseñarlos a ser empleados leales que trabajan para los ricos."

"Los negocios de mercadeo en red son escuelas de negocios para personas que quieren aprender las habilidades de la vida real de un empresario, en lugar de las de un empleado que quiere convertirse en gerente de nivel medio en el mundo corporativo. "

"Un negocio de mercadeo en red se basa en los líderes que jalan hacia arriba a la gente; mientras uno corporativo tradicional o gubernamental, en favorecer sólo a algunos y mantener a las masas de empleados a gusto con un cheque de paga constante."

"El tipo de educación que encontré en las empresas de mercadeo en red está diseñado para *sacar* a la persona rica que hay en usted."

"En el mundo del mercadeo en red lo motivan a aprender al cometer errores, corregirlos y hacerlo más inteligente mental y emocionalmente."

"Si le gusta dirigir al enseñar, siendo influencia e inspiración para que otros encuentren su propio mundo de abundancia financiera sin tener que vencer a la competencia, quizá un negocio de mercadeo en red es justo para usted."

"Si es una persona que tiene miedo al fracaso, un negocio de mercadeo en red con un buen programa educativo es especialmente bueno para usted."

"Una de las mayores virtudes del mercadeo en red es que le da la oportunidad de enfrentar sus miedos, lidiar con ellos, superarlos y dejar que la victoria sea del ganador que hay dentro de usted."

"El negocio de mercadeo en red motiva a las personas a soñar en grande y lograr sus grandes sueños."

"Un negocio de mercadeo en red al menos proporciona un grupo grande de apoyo formado por personas con la misma mentalidad, los mismos valores esenciales, los del cuadrante D, que lo pueden ayudar en la transición."

"Después de construir su negocio y tener un flujo de efectivo fuerte, puede invertir en otros activos."

ACERCA DEL AUTOR

ROBERT T. KIYOSAKI

Nació y creció en Hawaii; es estadounidense de cuarta generación con ascendencia japonesa. Después de graduarse en la Universidad de Nueva York, se unió a la Marina y sirvió en Vietnam como oficial y piloto de helicóptero armado. Tras la guerra, trabajó para Xerox Corporation en el área de ventas. En 1977 comenzó una empresa que llevó al mercado las primeras carteras de nylon y velcro para surfistas. Además, en 1985 fundó una empresa de educación internacional que enseñó negocios e inversiones a decenas de miles de estudiantes de todo el mundo.

En 1994, Robert vendió su negocio y se retiró a la edad de 47 años.

Durante su corto retiro, Robert, escribió el libro *Padre Rico, Padre Pobre*. Poco después *El cuadrante del flujo de dinero, Guía para invertir, Niño rico, Niño listo, Retírate joven y rico* y *Prophecy*, los cuales ganaron lugares en las listas de éxitos de ventas de *The Wall Street Journal, Business Week, The New York Times, USA Today, E-Trade.com y Amazon.com*, entre otros.

Antes de convertirse en autor, Robert creó un juego de mesa educativo, *CASHFLOW 101*, para ofrecer a la gente las estrategias financieras que su padre rico pasó años enseñándole. Dichas estrategias permitieron a Robert retirarse a los 47 años.

En 2001, se lanzó el primer libro de la serie *Advisors* de Padre Rico. Este equipo de profesionales apoya la creencia de Robert de que "los negocios y las inversiones son deportes de equipo". En palabras de Robert: "Vamos a la escuela a aprender cómo trabajar duro por el dinero. Escribo libros y diseño productos que enseñan a las personas cómo hacer que el dinero trabaje duro para ellas. Entonces, pueden disfrutar los lujos de este mundo maravilloso en que vivimos."

KIM KIYOSAKI

Entró al mundo de los negocios en una agencia de publicidad importante en Honolulu y a los 25 años dirigía una revista para la comunidad de negocios de dicha ciudad. Al espíritu empresarial de Kim no le tomó mucho tiempo salir a la superficie y dos años después se aventuró en su primer negocio: una empresa de ropa con distribución nacional.

Poco después, Kim se asoció con Robert T. Kiyosaki en una compañía que enseñaba negocios empresariales en todo el mundo, la cual creció para apoyar a once oficinas en siete países, presentando seminarios para miles de asistentes.

En 1989, Kim comenzó su carrera como inversionista en bienes raíces con la compra de una pequeña casa de alquiler con dos habitaciones y un baño en Portland, Oregon. Actualmente, su empresa de inversiones compra, vende y administra millones de dólares en propiedades. Kim recomienda y motiva a las mujeres a entrar al mundo de las inversiones: "La inversión, a la larga, puede llevar a las mujeres a la libertad de nunca depender de alguien para su bienestar financiero."

Kim y Robert se casaron en 1984, vendieron su negocio de seminarios de educación en 1994 y "se retiraron". En 1997, fundaron la empresa que llevaría el mensaje de Padre Rico (por medio de libros, juegos y otras herramientas educativas) al reconocimiento y aclamación internacionales.

> La organización Padre Rico es resultado del esfuerzo conjunto de Robert y Kim Kiyosaki quienes en 1996 se embarcaron en un viaje que les daría la oportunidad de aumentar los conocimientos financieros de las personas y llevar su mensaje a todos los rincones del mundo.

DIANE KENNEDY

Diane, C. P., es coautora de *Real Estate* y autora del éxito de ventas *LoopHoles of the Rich-How the Rich Legally Make More Money and Pay Less Tax* en la serie de *Advisors* de Padre Rico. También es fundadora y copropietaria de DKA (D. Kennedy & Assoc), DKAdvisors y TaxCents, así como de muchas empresas de inversión en bienes raíces. Diane ha construido su reputación durante más de veinte años educando a otros acerca de las exenciones fiscales disponibles legalmente para todos los individuos. Es muy respetada dentro de la profesión como coautora de dos libros de texto universitarios en materia de contaduría y computación, y de un libro que trata sobre el impuesto corporativo. Ha participado en medios como CNN, CNNFN, Bloomberg TV y radio, CNBC, StockTalkAmerica y en diversos programas de radio y televisión locales. Tal vez el trabajo más reconocido de Diane es el que ha realizado junto a Robert T. Kiyosaki, como miembro del equipo *Advisors* de Padre Rico. Conoce los secretos que los ricos utilizan para reducir sus impuestos y los revela a todos de manera clara y sencilla.

BLAIR SINGER

Uno de los principales autores, oradores y promotores del cambio personal y organizacional en los negocios actuales. Es fundador y presidente de Blair Singer Accelerated Training, firma reconocida en el ámbito internacional. También es el fundador de Vendedores Perros, metodología que ofrece éxito en ventas, cambia la vida y ha ayudado a miles de personas a aumentar su ingreso mediante las ventas.

Luego de ser el vendedor más importante de Burroughs, actualmente UNISYS, Blair ha sido un vendedor importante de software, contaduría automática y fletes y logística, prestando servicios a diversas corporaciones y como dueño de negocios. Desde 1987 trabaja con miles de individuos y organizaciones en todo el mundo, desde empresas incluidas en *Fortune 500* hasta grupos de agentes de ventas independientes y vendedores de red, para ayudarlos a alcanzar niveles extraordinarios en ventas, desempeño, productividad y generación de flujo de efectivo. Blair es amigo de toda la vida de Robert T. Kiyosaki, miembro del equipo *Advisors* de Padre Rico e imparte la habilidad #1 para el éxito en los negocios: las ventas.

Fuentes de Padre Rico

El *edumercial* de Robert T. Kiyosaki, un comercial educativo

Los tres ingresos

Existen tres tipos diferentes de ingresos en contaduría: ganado, pasivo y de portafolio. Cuando mi padre biológico me dijo: "Ve a la escuela, saca buenas calificaciones y encuentra un trabajo seguro", me recomendaba trabajar para obtener un ingreso ganado. Cuando mi padre rico me dijo: "Los ricos no trabajan por dinero, tienen el dinero trabajando para ellos", hablaba de los ingresos pasivo y de portafolio. El ingreso pasivo suele derivarse de inversiones en bienes raíces. El ingreso de portafolio deriva de los activos en papel, como acciones, bonos y fondos de inversión.

Mi padre rico solía decir: "La clave para hacerse rico es tener la habilidad de convertir el ingreso ganado en ingreso pasivo e ingreso de portafolio lo más rápido posible." También: "Los impuestos son más altos para el ingreso ganado. El ingreso con menos impuestos es el pasivo. Ahí tienes otra razón por la cual conviene que tu dinero trabaje duro para ti. El gobierno cobra más impuesto por el ingreso que ganas trabajando que por el que obtienes mediante el trabajo de tu dinero."

La clave para la libertad financiera

La clave para alcanzar la libertad financiera y grandes riquezas es la habilidad de una persona para convertir el ingreso ganado en ingreso pasivo y en ingreso de portafolio. Es la habilidad que mi padre rico pasó tanto tiempo enseñándonos a su hijo Mike y a mí. Gracias a esa habilidad, mi esposa Kim y yo somos libres financieramente sin tener que trabajar de nuevo. Lo hacemos porque queremos. Actualmente, somos dueños de una empresa de inversión en bienes raíces para tener ingreso pasivo y participamos en transacciones de acciones privadas para tener ingreso de portafolio.

Invertir y hacerse rico requiere de diferentes habilidades personales, así como de rendimientos de bajo riesgo y de inversiones altas. En otras palabras, uno debe saber cómo crear activos para comprar otros. El problema es que obtener la educación y experiencia necesarias por lo regular ocupa demasiado tiempo, y es aterrador y caro, en especial cuando uno comete errores con el dinero propio. Por eso diseñé los juegos de mesa patentados *CASHFLOW*.